"Bridget Flood escribe sobre su experiencia personal con las Hermanas del Verbo Encarnado de San Antonio. Su estilo atractivo y enfoque reflexivo le muestran al lector una ventana al compromiso de las Hermanas Católicas por la justicia en nuestro tiempo. Es una lectura llena de fe que trae alegría y autorreflexión. Qué regalo para estos tiempos de caos".

Sor Simone Campbell,
Directora Ejecutiva SSS, NETWORK

"Bridget McDermott Flood ofrece historias convincentes de mujeres cuyas elecciones y compromisos nos brindan pistas esenciales para la búsqueda eterna de una vida de significado y alegría. *La Sabiduría del Manantial Azul: Mi Viaje con las Hermanas (Blue Hole Wisdom: My Journey with the Sisters)* es un relato bellamente narrado de la sabiduría obtenida a través del encuentro y acompañamiento de la autora con notables hermanas católicas que brindan ministerios diversos e inspiradores en el país y en el extranjero".

Kerry Alys Robinson
Embajadora Mundial, Leadership Roundtable
Autora de *Imagining Abundance: Fundraising, Philanthropy and a Spiritual Call to Service(Imaginando la Abundancia: Recaudación de Fondos, Filantropía y un Llamado Espiritual al Servicio)*

"Estos relatos de fe y servicio en vidas presentes intensamente formadas por su orden, me hicieron pensar profundamente en las Hermanas del Verbo Encarnado y su legado de servicio al Pueblo de Dios".
Dr. Kenneth Parker Presidente Fundación Ryan de Estudios Newman,
Profesor de Teología Histórica Universidad de Duquesne

"Las memorias espirituales de Bridget McDermott Flood, La Sabiduría del Manantial Azul: Mi Viaje con las Hermanas (Blue Hole Wisdom: My Journey with the Sisters) es solo eso: un viaje y además cautivador, lleno de intrigas históricas del viaje original de las Hermanas de la Cari dad del Verbo Encarnado desde Francia al drama tenso con el Vaticano moderno, todo contado con vívidos detalles con historias y reflexiones personales de Flood. A veces inquietante y eléctrica, conmovedora y agridulce, Flood narra su propia historia junto con las de las Hermanas del Verbo Encarnado con su casa madre en San Antonio, Texas, asentada en el borde de un géiser, el Manantial Azul del título. Las descripciones de Flood de las historias individuales de las Hermanas reflejan sabiduría, humor, amor, incluso ira, y la presencia indeleble de vidas tocadas por el espíritu divino e impulsadas por la fe, tanto en el "llamado" inicial como en las historias de las Hermanas vividas juntas en servicio entre sí y a la comunidad en general en hospitales, escuelas, orfanatos y hospicios en todo el mundo.

"Esta es una memoria íntima y dinámica de conexión, comunidad, fe, relaciones y coraje, una que no pude dejar y a la que volveré. Si te intrigan las "mujeres católicas de velo", las vidas guiadas por el espíritu, la fe y la obediencia, al encontrar "tus otros dones", te encantarán las historias de Flood sobre su propia vida entretejida con las historias de las Hermanas con las que ha viajado durante décadas. Una lectura convincente e impresionante".

Pamela Sampel, OblSB Escritora, Profesora, Directora Espiritual,
Oblata Benedictina

"A través de una narración memorablemente vívida, Bridget McDermott Flood rinde homenaje a las Hermanas del Verbo Encarnado que la han inspirado durante mucho tiempo. Cualquiera que busque animar su propio camino de fe seguramente se sentirá conmovida por estos perfiles bellamente elaborados: mujeres que eligen acompañar a sus hermanas y hermanos en las márgenes, animadas por una profunda espiritualidad de encontrar la presencia y la alegría de Dios en todas las cosas y en cada encuentro".

Elizabeth A. Donnelly Co-fundadora y Coordinadora de Predicadores
Las Mujeres Católicas Predican

La Sabiduría
del Manantial Azul

Mi Viaje *con las* Hermanas

BRIDGET McDERMOTT FLOOD

La Sabiduría del Manantial Azul
Mi Viaje con las Hermanas
Bridget McDermott Flood
Publicado por Incarnate Word Foundation Press
Copyright ©2020 Bridget McDermott Flood
Todos los derechos reservados.

Ninguna parte de esta publicación puede ser reproducida, almacenada en un sistema de recuperación o transmitida en cualquier forma o por cualquier medio, electrónico, mecánico, fotocopiado, grabación, escaneo o de otro modo, excepto según lo permitido por la Sección 107 o 108 de la Ley de derechos de autor de los Estados Unidos de 1976, sin el permiso previo por escrito del Editor. Las solicitudes de permiso al Editor deben dirigirse al Departamento de Permisos, Incarnate Word Foundation Press, iwfpress@iwfdn.org

Límite de responsabilidad / Renuncia de garantía: si bien el editor y el autor han hecho todo lo posible para preparar este libro, no hacen declaraciones ni garantías con respecto a la exactitud o integridad del contenido de este libro y específicamente renuncian a cualquier garantía implícita de comerciabilidad o aptitud para un propósito particular. Los representantes de ventas o los materiales de ventas escritos no pueden crear ni extender ninguna garantía. Los consejos y estrategias aquí contenidos pueden no ser adecuados para su situación. Se deben consultar con un profesional apropiado. Ni el editor ni el autor serán responsables de ninguna pérdida de beneficios o cualquier otro daño comercial, incluidos, entre otros, daños especiales, incidentales, consecuentes u otros.

Editora: Amelia C. Flood

Arte de Portada: Carolyn Flood

Diseño de Portada: Wendy Barnes

Gestión de proyectos y diseño de libros: DavisCreative.com

Datos de catalogación en la publicación del editor
(Preparado por The Donohue Group, Inc.)

Nombres: Flood, Bridget McDermott, author.
Título: La sabiduría del Manantial Azul : mi viaje con las Hermanas / Bridget McDermott Flood.
Otros títulos: Blue Hole wisdom. Spanish
Descripción: [St. Louis, Missouri] : Incarnate Word Foundation Press, [2021] I Translation of: Blue Hole wisdom. I Includes bibliographical references.
Identificadores: ISBN 9781735517032 (Libro de bolsillo) I ISBN 9781735517025 (Libro electronico)
Sujetos: LCSH: Flood, Bridget McDermott--Religion. I Sisters of Charity of the Incarnate Word (San Antonio, Tex.) I Spirituality--Catholic Church. I Spiritual formation--Catholic Church. I Nuns--Texas--San Antonio. I San Antonio River Watershed (Tex.) I BISAC: RELIGION / Inspirational. I RELIGION / Christianity / Catholic. I RELIGION / Spirituality.
Clasificación: LCC BX4469 .M3413 2021 (print) I LCC BX4469 (ebook) I DDC 271.91--dc23

ATENCIÓN CORPORACIONES, UNIVERSIDADES, COLEGIOS Y PROFESIONALES ORGANIZACIONES: Hay descuentos por cantidad disponibles en compras al por mayor de este libro con fines educativos, obsequios o como primas para aumentar las suscripciones o renovaciones de revistas. También se pueden crear libros especiales o extractos de libros para satisfacer necesidades específicas. Para obtener información, comuníquese con Incarnate Word Foundation Press, iwfpress@iwfdn.org

MENSAJERO del volumen SED de Mary Oliver, publicado por Beacon Press, Boston Copyright © 2004 por Mary Oliver, usado en este documento con permiso de Charlotte Sheedy Literary Agency, Inc.

El texto bíblico de la página 42 se tomó de la Nueva Biblia de las Américas. Otros textos bíblicos de este trabajo se tomaron de la Biblia Latinoamericana, y se utilizan con el permiso del propietario de los derechos de autor. Todos los derechos reservados. Ninguna parte de la Nueva Biblia de las Américas ni de la Biblia Latinoamericana puede reproducirse de ninguna forma sin el permiso por escrito del propietario de los derechos de autor.

Todas las ganancias de la venta de este libro apoyan el trabajo caritativo de la Fundación del Verbo Encarnado. www.incarnatewordstl.org

Una vida para Dios y un Corazón para Los Demás
Madre St. Pierre Cinquin, CCVI

Índice

Cambio de hábito: la sabiduría del manantial	1
Travesía por las aguas	9
Tomar el tren: respondiendo al llamado	17
La gracia llega cuando tiene que llegar	27
Chispa Divina: somos chispas de lo Divino	35
Dios en nuestro interior: la Encarnación	43
Alegría para el mundo	55
El camino a Emaús: vivir el Espíritu	65
Empacar maletas: respondiendo al llamado	73
La cuerda y la cometa: ¿qué te está diciendo Dios?	77
Buganvilia: encontrar el jardín	83
Chiapas: Cómo estás en el Corazón	95
Compartir la mesa: crear pequeñas comunidades de amor	101
Visita a la Zona de Gruene: encontrar plenitud en las relaciones	107
La gracia asombrosa: el viaje comienza con una bendición	113
Bailando el círculo: las mujeres de Mongu	119

Nalikwanda: encontrar una amiga	125
RE-Barn: la misión vive dentro	133
Entrégalo a Dios: cree	137
Paz Profunda: la Visita del Vaticano	143
Té y tamales: el momento del perdón	169
Ensanchar el espacio de la tienda: dándoles la bienvenida a los laicos	179
Jeremías me llama: vivir una Mantra	187
Aguas profundas: la vida interior	195
Confianza en Dios: Solidaridad en Perú	205
Nuevo Chimbote: más allá de dondetermina el camino	211
Nuestro futuro: el carisma de frontera	223
Jubileo: estoy aquí, Señor	235
250 cuencos para abrazar el Espíritu	245
Headwaters at Incarnate Word: Un Lugar, Una Misión, Un Estado de Ánimo	253
Agradecimientos	259
Acerca de la Autora	263

Cambio de hábito:
la sabiduría del manantial

Todo comenzó con un pequeño anuncio para un puesto en el *St. Louis Post Dispatch*. Nadie consigue empleo a través de un anuncio en el periódico. Pero yo, sí. Una sola frase en blanco y negro me llevó a las Hermanas de la Caridad del Verbo Encarnado y a la Sabiduría del Manantial Azul.

El Manantial Azul es la prístina cabecera del río San Antonio. Se encuentra en el corazón de las tierras de la Casa Madre del Verbo Encarnado, un oasis de calma en medio del actual San Antonio. Cuando las Hermanas llegaron en 1869, la tierra estaba salpicada de nogales, matorrales y manantiales naturales. El Manantial Azul estalló como un géiser. Con el tiempo, el acuífero ha disminuido y desde la distancia, el Manantial Azul puede confundirse con un simple pozo de piedra, hasta que uno mira hacia abajo, hacia adentro.

Después de una fuerte lluvia, el agua burbujea cual joya esmeralda y lapislázuli. Pura. Pequeños peces se arremolinan en sus profundidades y el flujo de agua verdigris se funde con el marrón polvoriento de Olmos Creek como un abanico que se extiende, rodando y rebosando de vida, y se dirige hacia el puente rojo para alimentar al río San Antonio. En otras ocasiones, el Manantial Azul sabe estar tranquilo. Las burbujas y las ondas del agua del manantial bailan debajo de pequeños helechos que abrazan los muros de piedra y sólo un goteo alimenta el río. Hay meses en que el Manantial Azul está igual de seco que las rocas calizas de Texas, evaporado bajo el abrasador calor de San Antonio, con sus aguas ocultas en una caverna subterránea.

Durante más de 100 años, las Hermanas han trabajado, caminado y orado aquí. Como las aguas del Manantial Azul, su sabiduría es profunda, clara y pura. Es una sabiduría derivada de su Espiritualidad de la Encarnación, su creencia que Dios está presente en todas las cosas y que Dios está aún más presente en las relaciones.

Cuando le digo a la gente que trabajo para hermanas católicas, la imagen que viene a la mente es de las hermanas de mi infancia con hábitos de lana negra, suaves por las lavadas, sus capas unidas con alfileres. Con rígidos baberos y cofias blancas, distinguidas por su perfección, algunas eran severas como Sor Rose Louise, otras dulces como Sor Felicia, pero todas eran de una edad indeterminada, con sus quevedos de alambre y tacones estilo

Oxford. Esas mujeres omniscientes y misteriosas tenían colgados de un tenso hilo de algodón negro los destinos de cincuenta alumnos de quinto grado. Si nos llamaran a la oficina, no tardarían en tener a nuestros padres y madres manifestando rápidamente su acuerdo con la hermana en cuanto a cualquier ofensa que hubiese ocurrido. Las hermanas daban pasos silenciosos al caminar, separadas de todos nosotros.

Un domingo al mes visitábamos a la hermana Mary Patrick, mi tía Maureen, en Mount Providence. Yo tocaba la cofia blanca bajo el velo negro para verificar si todavía tenía orejas. Las visitas en la sala o el patio durante el verano para evitar el calor sofocante de la casa madre siempre incluían un helado para nosotros. Pero ninguno para ella. No se permitía comer con la familia. Ella tejía bordes de crochet para adornar tarjetas sagradas mientras comíamos helado de vainilla con fresas.

Las hermanas conservaban las llaves del reino con una voluntad de hierro muy apenas oculta por sus miradas bajas. Superaban en número a los sacerdotes por cuatro a uno. Fundaron escuelas y universidades. Construyeron hospitales. Administraron orfanatos. Enseñaban, cocinaban, limpiaban y oraban. En una Iglesia y un mundo dominado por hombres, forjaron su propio territorio y lo supervisaron desde las extensas casas madres, grandes colmenas de ladrillo victorianas repletas de aspirantes, novicias, postulantes y aquellas que habían hecho los votos perpetuos. Gobernaban mediante un sistema de estado-nación: Notre Dames, Mercies, St.Joes, Precious Bloods y las hermanas que yo más conocería, las del Verbo Encarnado, cada una con sus propiosministerios, culturas, costumbres y hábitos distintivos. En sus instituciones, su palabra era ley y ese poder aúnpersiste en ellas.

Luego el mundo exterior cambió. A mediados de ladécada de 1960, el Vaticano II sacudió a la Iglesia católica hasta los cimientos. El papa Juan XXIII abrió las ventanas, cambió la misa en latín por una sinfonía de liturgias en lenguas nativas y permitió que los laicos salieran de los bancos de la iglesia. La Iglesia en blanco y negro de miinfancia se había convertido en un arcoíris. Las guitarrasreemplazaron a los órganos de tubos. El diálogo reemplazó las restricciones. El Limbo desapareció. Las hermanastambién discernieron y cambiaron.

Cuando ingresé a la escuela secundaria, el Vaticano II estaba en pleno apogeo y las hermanas estaban dejando atrás el viejo hábito. Fue un shock ver a las hermanas con faldas azules hasta la rodilla y velos cortos. No sólo tenían orejas, sino también piernas. Algunas de las hermanas mayores se deslizaban por los pasillos vistiendo sus viejos hábitos, pero disminuyeron en cantidad. En el plazo de una década, los hábitos modificados también serían un recuerdo, ya que las hermanas se adaptaron al atuendo del momento.

El simbolismo del hábito perduró. Quizás por eso también persisten los estereotipos. El hábito proporcionó la línea de demarcación entre lo sagrado y lo profano: la encarnación del orden, la autoridad y la certeza. Transformó a las hermanas de mujeres a una personificación de la Iglesia. La consecuencia de dejar atrás el hábito fue palpable. Una cosa era que una hermana tuviera autoridad, otra muy distinta que esa autoridad proviniera de una mujer. Este cambio en las hermanas fue una manifestación visible de que la Iglesia sería muy distinta y resultó ser un blanco fácil para aquellos que luchaban por regresar a la Iglesia de antaño en blanco y negro.

El hábito no era lo único que se convirtió en cosa del pasado. De repente, las hermanas ya no se contentaban con servir a la Iglesia en funciones tradicionales. Utilizaron su capacidad de discernimiento y extraordinarias habilidades administrativas para identificar nuevos llamados del mandato del Vaticano II a la justicia social y el compromiso con los menos privilegiados entre nosotros. Repentinamente, las hermanas comenzaron a hablar a favor de los pobres, abandonaron las escuelas para ir a las calles, y trabajaron de manera visible de la mano de otros para responder a la pobreza y las políticas públicas en torno a ésta. Fue un cambio notorio en contraste a las hermanas de mi infancia. Otras hermanas eligieron un camino nuevo fuera de la vida religiosa.

Dejaron el convento y tomaron una dirección distinta. Fue una época tumultuosa.

Décadas después, cuando comencé a trabajar para las Hermanas de la Caridad del Verbo Encarnado, le pregunté a Sor Cathy Vetter que qué les había sucedido a todos aquellos hábitos de lana. En mi mente, supuse que cada hermana había conservado uno colgado al fondo del clóset como si fuera la estola de visón de la tía abuela, no para usarlo, sino para contemplarlo con cierta nostalgia desconcertada al tirar de los ganchos hacia un lado. Sonrió y me dijo que algunos de los hábitos viejos habían sido cortados para hacer los hábitos modificados y que ella había sido una de las primeras hermanas en recibir uno de los estilos nuevos. Tiene perfecto sentido ya que las hermanas siguen siendo mujeres prácticas y frugales. Me hizo reflexionar sobre lo enraizado que llevaba el estereotipo. Había dado por hecho que amaban la sarga de lana negra.

Una de las hermanas costureras, Sor Anna Vetter, le dio a Sor Cathy uno de los grandes escapularios rojos bordados que adornaban el frente de cada hábito. La mayoría habían sido quemados. *Amor meus*. Mi amor. Letras mayúsculas cosidas en el centro de una estilizada corona de espinas. Ella lo mandó enmarcar para la oficina en recordatorio de que, aunque los estilos cambian, el espíritu permanece.

Han pasado dos décadas desde que abrí ese periódico. Tengo más de veinte años de conocer a las Hermanas. Saben ser sabias, simpáticas, dulces, enojonas, feroces, brillantes, frustradas, normales y muy humanas. Su sabiduría ha sido fundamental para mí, cambió la manera en que veo al mundo y vivo mi vida. Es una sabiduríaque podría cambiar nuestro mundo.

Travesía por las aguas

Una carta llega a Lyon, Francia, al Monasterio del Verbo Encarnado y del Santísimo Sacramento. El Obispo Claudio María Dubuis, nativo de Lyon que en ese momento se desempeñaba como obispo de Galveston, Texas, le escribe a la Madre Angelique Hiver con la solicitud de que prepare a mujeres jóvenes para servir en su diócesis para atender a los enfermos. En respuesta, en 1867, Sor Madeleine Chollet y Sor Marie Agnes Bruisson parten en barco de Le Havre a bordo del Saint Laurent con destino a Nueva York. Desde allí viajan en tren a New Orleans y luego abordan un segundo barco, el Josephine, para llegar hasta Galveston.

Un año después, otra joven mujer francesa, Sor St. Pierre Cinquin, recorrerá el mismo trayecto.

Estados Unidos está saliendo de una feroz Guerra Civil y con apenas unos meses de preparación, estas jóvenes mujeres han cambiado el verde paisaje francés y la seguridad de un convento monástico por la costa de

Galveston. En 1869 continúan su trayecto en carruaje a través de llanuras de mezquite hasta San Antonio para asumir una nueva misión.

Al llegar, encuentran que su nuevo convento se haquemado y una epidemia de cólera arrasa con la ciudad. Hablan francés, y no español ni inglés. San Antonio es unaciudad difícil, un puesto fronterizo, y el Obispo Dubuistiene la expectativa que estas mujeres puedan atender alas víctimas de la epidemia.

Sor Agnes se retira después de dos meses y regresa a la misión de Galveston, que está más establecida.

Sor St. Pierre y Sor Madeleine se quedan con las Hermanas Ursulinas hasta que se construye una nueva casa y enfermería varios meses después. La enfermería, Santa Rosa, es única para sus tiempos porque admite a pacientes sin distinción de raza o religión y uno de sus primeros pacientes es afroamericano. Las dos hermanas rápidamente fundan *St. Joseph Orphanage* para atender a los huérfanos de la epidemia.

Sor Madeleine se convierte en la primera superiora. Callada y reservada, asume con seriedad la vida religiosa y sigue las reglas establecidas por las hermanas en Lyon.

Después de tres años, la Madre St. Pierre toma las riendas para que Sor Madeleine pueda trabajar en el orfanato. La Madre St. Pierre aún no cumple treinta años, pero brinda su humor, sabiduría y gran corazón a la misión, al punto de que las hermanas algún día la llamarían "Mamá Grande".

Las Hermanas del Verbo Encarnado prosperan. Menos de veinte años después, la Madre St. Pierre es la superiora de una creciente Congregación. Las hermanas ponen en la mira 280 acres de tierra en las afueras de San Antonio, acres de matorrales y nutridos manantiales burbujeantes en Texas.

Las negociaciones son difíciles. El coronel Brackenridge no siente cariño ni por los católicos ni por las monjas. Finalmente acepta vender la tierra, su hogar y todo su contenido. Después de la venta, sale de viaje, pero cuando regresa se da cuenta que ha olvidado los libros en su biblioteca. En resumidas cuentas, el coronel no había tenido la intención de vender estos apreciados artículos a las hermanas. El coronel pide sus libros, pero ellas los conservan. Un trato es un trato. (Hasta el día de hoy, las hermanas conservan dichos libros.)

Las hermanas se mudan a la Villa Brackenridge ubicada un poco más allá del géiser que hoy día es el *Manantial Azul*. El agua es abundante con arroyos y manantiales que alimentan robles, cedros, sauces y cipreses.

Conforme pasa el tiempo, la misión atrae a cientos de mujeres y se construye la casa madre de tres pisos para alojarlas. Hoy día muchas de ellas descansan en ordenadas filas de cruces bajo un roble centenario que vive en el cementerio de las hermanas.

La primera vez que fui a San Antonio, pensé en esas primeras hermanas francesas. Sus serenos retratos cuelgan en una pared cercana a la capilla. Y, en esta mañana del presente, no son sabias y solemnes mujeres capturadas debajo del barniz que se asoma a través de los pigmentos del óleo. Por el contrario, son mujeres jóvenes de veintitantos años que han llegado a un nuevo sitio. En el calor, arden sus almidonados hábitos de sarga de lana negra. El Manantial Azul debe haber parecido un milagro fresco y refrescante. Mujeres francesas, prácticas, determinadas y perseverantes, han enfrentado problemas todos los días: cólera, incendios, prejuicio y pobreza. Han florecido, a pesar de esos desafíos, como la tierra que rodea el Manantial Azul.

Su trabajo rápidamente las ha llevado a México y mujeres mexicanas se convirtieron en hermanas, construyeron escuelas y desarrollaron nuevas maneras de atender a los más necesitados.

Las hermanas han seguido el Ferrocarril *Union Pacific* hacia el norte hasta Missouri y St. Louis, estableciendo enfermerías y recolectando monedas de los trabajadores del ferrocarril el día que cobran para cubrir los gastos.

Mis pensamientos se dirigieron a las hermanas irlandesas de la orden que abandonaron los exuberantes valles de su tierra natal y se enfrentaron a un polvoriento paisaje verde oliva.

Pienso en las hermanas alemanas que también vinieron. Otra barrera de idioma que cruzar y el prejuicio engendrado por las Guerras Mundiales hicieron que muchas de ellas acabaran en la cocina como cocineras, no en aulas ni en hospitales.

Las provincias en New Orleans y St. Louis añadieron estadounidenses a la Congregación.

Y finalmente, en la década de 1960, las hermanas se aventuraron a Perú en respuesta al llamado a la misión del Vaticano II, sirviendo en los altos Andes, donde se convirtieron en blanco político del movimiento guerrillero Sendero Luminoso.

Todo comenzó cuando tres mujeres jóvenes viajaron de Galveston a San Antonio en 1869. Ese viaje ha continuado durante 150 años en formas que ellas nunca podrían haberse imaginado. Y ahora yo soy parte del viaje también.

Cuando acepté el trabajo para dirigir la Fundación del Verbo Encarnado, era recién fundada. Las hermanas le habían vendido el Hospital del Verbo Encarnado a la compañía *Tenet*. Habían servido en el hospital de manera intermitente durante casi un siglo, pero los tiempos habían cambiado. Conforme otros hospitales católicos dejaron el centro urbano por suburbios con más recursos, nuestras hermanas habían decidido quedarse con los pobres en el Hospital del Verbo Encarnado, respondiendo al llamado original del obispo Claudio María Dubuis,

"Nuestro Señor Jesucristo, sufriendo en las personas de una multitud de enfermos y necesitados de toda condición, busca alivio en sus manos."

La variedad de servicios en el hospital había disminuido. Ya no se atendían partos desde la década de 1960. Para 1997, tenía la reputación de un pequeño hospital en el centro urbano de la ciudad que, con un personal médico leal, atendía a los pobres y a los ancianos. Varias hermanas se quedaron a trabajar en el servicio pastoral incluso después de concluir la venta. Fui a verlas y pude ver que estaban de luto por la pérdida del hospital. Aunque permanecía abierto bajo la dirección de *Tenet*, habían cambiado las cosas. Nos reunimos en la cafetería y compartieron recuerdos de cómo era todo anteriormente. El personal médico se encontraba molesto y pude percibir que sería difícil construir puentes.

Se había hablado de tratar de recaudar fondos adicionales para agrandar los fondos de la fundación a partir de los $30 millones de dólares originales que habían resultado de la venta, pero me enteré que la única recaudación de fondos que las hermanas habían hecho en el Hospital del Verbo Encarnado había sido poner en subasta un Cadillac para los doctores cada año. Dados los resentimientos y la falta de una lista de donantes, se podía hacer poco para aumentar los fondos de la fundación. Y eso no estaba del todo mal.

Haríamos todo lo que fuera posible con los fondos a disposición. Nos encontrábamos en la frontera de un nuevo ministerio. Comparado con otras fundaciones en St. Louis, la Fundación del Verbo Encarnado sería una pequeña canoa que competía en las olas contra transatlánticos y enormes goletas. Tal vez esas fundaciones podrían cruzar el océano, pero nosotras podríamos subir por ríos y arroyos, y atender a las personas que quedaron olvidadas, tal como lo habían hecho antes de nosotras las hermanas que habían seguido el ferrocarril hace casi cien años para llegar al Hospital del Verbo Encarnado.

Tomar el tren: respondiendo al llamado

Una pregunta que me hacen con frecuencia es: "¿Por qué querría alguien llegar a ser monja? ¿Por qué querríaalguien ser religiosa?".

Es fácil dar una respuesta común en la que se acep-ta una idea equivocada. ¿Cuántas veces he escuchado oinclusive habré dicho que la razón por la cual muchas jóvenes eligieron la vida religiosa en las décadas de 1930, 1940 y 1950 era porque en esa época eran limitadas las opciones que tenían las mujeres? Eran pocas las mujeres que tenían la oportunidad de estudiar en una universidad. Ser religiosa ofrecía oportunidades en el campo dela educación, del liderazgo, de la autonomía y también era una seguridad pues ofrecía alternativas ante el camino tradicional del matrimonio y la familia. Las religiosaspodían ser maestras, enfermeras y administradoras.

Otras personas dicen que las mujeres entraban al convento como una opción para evitar problemas o eludir responsabilidades. Ser religiosa significa que no tienes que tomar decisiones porque te dice lo que tienes que hacer.

Ninguna hermana me ha dicho que esas hayan sido las razones por las cuales quisieron ser Hermanas del Verbo Encarnado.

Elegir ser religiosa fue y sigue siendo una decisión que se opone a la cultura aceptada. Además, aunque algunas personas dicen que hoy en día esa es una decisión más radical, pues el mundo del siglo XXI es un mundo de opciones ilimitadas para muchas jóvenes en Estados Unidos, no estoy de acuerdo con ellas después de escuchar a las hermanas hablar de las razones por las cuales tomaron la decisión de entrar al convento. Responder a un llamado que pone tu vida de cabeza y te lleva por caminos que nunca imaginaste siempre es una decisión radical, ya sea que se tome en 1869, en 1936 o el día de hoy.

Cada hermana habló de un llamado.

DIOS LLAMA:
Para Sor Theresa McGrath fue simplemente el llamado de Dios:

> *Cuando pienso en la razón por la cual entré a la congregación, puedo decir que no sabía nada respecto a la misión y los ministerios. Sabía algo acerca de las hermanas porque estudié en su colegio en Irlanda,*

pero en ese entonces no hablábamos mucho de la misión y el carisma y no entré para llevar a cabo algúnministerio en particular.

Entré porque sentí que Dios me llamaba a ser religiosa. Con lo poco que sabía sobre las hermanas, pensaba que mi vida tendría algo que ver con el servicio a la Iglesia, servicio a la gente y simplemente ser religiosa y responder en oración. Cuando llegué aquí no tenía ideas preconcebidas respecto a ser maestra o enfermera. No vine a llevar a cabo un ministerio.

Me sentí muy bien cuando me dijeron que me dedicaría a la enseñanza. En ese entonces no nos preguntaban lo que queríamos hacer. Yo me iba a dedicar a la enseñanza y lo hice. Mi primer trabajo fue como maestra de primer grado con 65 alumnos en San Antonio. Acababa de hacer mis primeros votos y no sabía nada sobre el sistema educativo en Estados Unidos. Sin embargo, ¡estaba feliz y aprendí mucho!

ENAMORARSE DEL AMOR:
Sor Alice Holden se enamoró del amor:

En realidad, la vida religiosa nunca me atrajo. Pensaba ser asistente de vuelo en una aerolínea. Pero un día pasé cerca de club de striptease en la Calle South State, en Chicago. Ya era de noche. Afuera del club había fotos de mujeres prácticamente desnudas. El voceador que anunciaba el espectáculo gritó invitándome a entrar. Recuerdo que le dije: "No gracias". Y seguí caminando hacia la estación del metro para ir a mi casa en Berwyn. Esa noche, cuando dije mis oraciones, recordé lo que había visto y dije: "Dios mío, ojalá pudiera yo hacer algo acerca de la posición de las mujeres en el mundo, aunque eso signifique que tenga que ser monja". Después lloré, pues no me gustaba la idea. Así que constantemente trataba de sacarla de mi cabeza.

Dos años después, iba yo camino a presentar un examen de Sociología, ¡para el cual no había estudiado! Vi un anuncio que decía que el padre X estaba en un salón para hablar con personas que estuvieran pensando en la vida religiosa. Pensé: Hmm, podría tomar ese examen después, cuando ya hubiera estudiado. Así que fui a ver al padre y le confesé que muchas veces había pensado entrar a la vida religiosa, pero que ahuyentaba esos pensamientos, iba a bailes, etc. Después de una breve conversación, decidí hablar con una hermana de la escuela primaria a la que había asistido. Después de ese encuentro, recibí una carta de St. Louis con una lista de lo que debía yo llevar conmigo. Necesitaba dos pares de zapatos de estilo sencillo. Cuando fui a comprarlos, el joven que estaba detrás del mostrador me preguntó: "¿Por qué estás comprando zapatos estilo oxford?". Respondí de manera honesta: "Porque voy a entrar al convento dentro de unas semanas". Él se sorprendió y dijo:

"¿Por qué haces eso?". La respuesta inmediata que le di, me sorprendió a mí misma: "Supongo que lo hago porque me enamoré del amor".

Esa respuesta todavía me sorprende y me garantiza que Dios se ha encarnado en mi interior, en el interior de TODOS nosotros... Sin embargo, a menudo no somos conscientes de ello. Así fue como sucedió y cada vez estoy más convencida de que esta vida se trata ante todo del AMOR ... El amor de Dios hacia nosotros y nuestro amor hacia TODO... porque todo le pertenece a Dios.

UN VIAJE EN TREN:
Para Sor Carol Ann Jokerst, fue un viaje en tren:

Viajaba en tren de St. Louis a San Antonio para visitar a Mary Kay McKenzie y a Dot Ettling que iban a entrar al noviciado. Helena Monahan iba en el tren conmigo. Llegamos a San Antonio y vimos a nuestras amigas en la capilla. Todas habíamos estudiado en la Academia del Verbo Encarnado y yo no sabía el significado de la espiritualidad de la Encarnación. Solo eran palabras en un canto del colegio.

Mi decisión de entrar fue rápida. Ya había terminado dos años de estudios en la universidad. Dos semanas después de ese viaje en tren, estaba viajando en tren una vez más con Helena, íbamos de regreso a San Antonio para entrar al convento. Lo extraño es que no lo habíamos comentado entre nosotras. Cada una lo había decidido, pero no lo compartimos.

Me encanta la palabra "Emanuel" que significa que Dios está con nosotros en todo momento; está con todas las personas y en todas las situaciones. Yo no me hubiera sentido bien en otras congregaciones. El Cristo de la Encarnación está con nosotras y somos de la Encarnación sin siquiera saberlo. El llamado tuvo todo que ver con mis relaciones. No estaba pensando en ser religiosa. Era algo que estaba presente en mi interior.

Cuando tomé la decisión de ser religiosa, ya tenía mi horario de clases para el periodo de otoño y estaba preocupada por mi papá porque mi mamá había muerto y yo lo iba a dejar solo. No iba a regresar directamente a casa, pero me bajé del tren en Little Rock. Hice una llamada de larga distancia y le dije que quería entrar al convento. Mi papá me dijo que hablaríamos de eso cuando yo regresara. Regresé en tren a Union Station en St. Louis y mi papá, mi tía y mi hermano me recibieron en la plataforma.

Mi papá me entregó un sobre. Era una carta de mi párroco y una lista de las cosas que yo iba a necesitar. Esa fue la manera en la que mi papá me dijo que estaba de acuerdo, aunque lo iba a dejar solo, pues mi mamá había muerto de cáncer a los 33 años de edad. Dos semanas después, yo estaba de nuevo en el tren.

Probablemente la mía no sea una historia común. Había cosas en mi interior, pero no eran fuertes. Sin embargo, aquí estoy 50 años después. Estoy muy agradecida con la congregación y con mi familia. Ha sido una bendición que supera todo lo imaginable.

LEVANTAR LA MANO:
Sor Mary Teresa Phelan levantó la mano:

En esas fechas, la Madre Florence viajó a Irlanda y tenía permiso para reclutar mujeres para que brindaran ministerio en Texas. Yo había pensado en ser religiosa, pero me preguntaba; "¿A cuál grupo debo entrar? Estaban las Hermanas de la Presentaciónque dirigían un internado, y sabía que no quería entrar con ellas. Estuve interna con las Hermanas de la Misericordia, pero en el mes de marzo de 1963,la Madre Florence hizo uno de sus breves viajes a Irlanda. Pidió permiso para tener una asamblea conlas chicas. Lo hizo cuando estábamos en un retiro del colegio y cuando yo estaba frente al Santísimo Sacramento, supe que quería ser religiosa. La MadreFlorence regresó la semana siguiente y yo levanté la mano.

Eso es más o menos lo que pasó. La Madre Florence tenía fotos de las Hermanas del Verbo Encarnado y todas se veían felices. Yo no sabía nada del carisma. Las novicias también se veían felices en las fotos y una de ellas era de una parroquia cercana. Eso creó una relación. A partir de ese día, empecé a hacer lo que necesitaba para viajar a Texas. Esosucedió en 1964 y yo tenía 19 años de edad.

Recuerdo que la Madre Florence dijo que se trataba de entregarle la vida a Dios y servir a Dios siendo maestra, trabajadora social o enfermera. Yo siempre había querido ser trabajadora social y dando clases como maestra y trabajando en las parroquias pude hacer ese tipo de trabajo.

UNA COSECHA MARAVILLOSA:

Para Sor Rose Ann McDonald, todo se centra en la presencia:

> Me veo viviendo este llamado ante todo intentando ser receptiva a la presencia de Dios y al amor que impregna mi existencia, en la naturaleza, en los sucesos, en las personas. Entiendo mi llamado como un escuchar, un discernir la forma en que Dios expresa su ser en cada momento de cada día, en todos los sucesos y en todas las personas con quienes me encuentro.
>
> "Si yo estuviera buscando a Dios, en cada suceso y en cada momento sembraría, en mi voluntad, semillas en la vida de Dios, que un día brotarán y darán una maravillosa cosecha." Encontré esta cita del libro Iluminaciones Espirituales, de Thomas Merton, cuando era postulante. Extrañaba tanto mi casa que estaba dispuesta a dejarlo todo y regresar con mi familia. Esta cita me impactó con tal fuerza

que acabó con esos sentimientos y me llevó a empezar a buscar otro hogar, a buscar a Dios en todos los sucesos y todas las personas de mi vida. ¡Un llamado maravilloso!

DESPEDIDA:
Para Sor Rosa Margarita Valdés Tamez, el llamado significó elegir la vida religiosa en lugar de una vida matrimonial:

> *Tenía una tía que era religiosa y misionera. Todas sus hermanas eran misioneras. Su sede central estaba en Monterrey y me comentó muchas cosas sobre su trabajo en Oaxaca y en Chiapas, México. Cuando yo tenía 13 años, una de mis compañeras del colegio me dijo: "Tú vas a ser religiosa", pero le dije que no lo creía. Quería casarme y tener hijos.*
>
> *La gente suele decir: "Jesús viene". Tiempo después, mi compañera me volvió a decir: "Vas a ser religiosa". Y yo le dije que no, que yo no sería religiosa. Al paso del tiempo, una parte de mí empezó gradualmente a desear ser religiosa, mientras que otra parte de mí decía que "no". Tenía 15 años de edad y le dije a Jesús que no quería ser religiosa... y pasó el tiempo. Cuando yo tenía 18 años, mi corazón decía "sí", pero mi cerebro seguía diciendo que no.*
>
> *Entonces un muchacho tocó las puertas de mi corazón. Quería que yo fuera su novia y pensé: "Sí, Señor, este podría ser... a la mejor nos casamos". Era un buen muchacho y maravilloso, muy especial y muy*

considerado. Al mismo tiempo, empecé a sentir interés en las misiones y me veía en ellas. Me di cuenta de que quería ser religiosa. Vivía un conflicto.

Mi amigo era un excelente muchacho y yo no quería lastimar sus sentimientos. Estudiaba en el Tecnológico de Monterrey y le estaban ofreciendo una beca para estudiar en uno de estos tres países:

Francia, Italia o Japón. Quería que nos casáramos para llevarme con él. Yo sabía lo que tenía que decirle, pero no quería hacerlo. Empecé a evadirlo. Decidí que tenía que hacerlo, pero esa noche fue directamente a mi casa, entró en la cocina y habló con mi padre.

Ese mismo día pidió mi mano, pero yo le dije que "no". Le dije que quería ser religiosa. Le causó un fuerte impacto. No tenía idea de que yo quisiera serlo. Yo tenía 20 años de edad. Nuestra relación llevaba un año. Le dije: "Dios me está llamando a ser religiosa.

No puedo hacer nada ante esta situación". De camino a casa, él no podía hablar. No entró a la casa cuando llegamos… entré sola. Esa fue la última vez que lo vi.

Muchos años después, cuando yo trabajaba en Zambia, vi a un amigo que teníamos en común. Supe que tenía tres hijos. Sentí deseos de preguntar cómo estaba él, pero no lo hice porque no quería iniciar nada. No quería entrometerme.

Todos los días doy gracias a Dios por haberme llamado a ser religiosa. Me siento como pez en el agua.

La gracia llega cuando tiene que llegar

Cuando Sor Walter Maher comenzó a charlar de manera casual conmigo sobre la espiritualidad de la Encarnación, era como si estuviera hablando del clima. Cuando me llevaba al aeropuerto después de unas reuniones en San Antonio, me di cuenta de nuevo que trabajar para las Hermanas no era un empleo ordinario. Muchas de las conversaciones con las hermanas pasaron de ser conversaciones casuales a momentos dotados de oportunidades para aprender sobre la presencia y la gracia, el liderazgo y la relación, el cambio de describir lo que hacemos a cómo y por qué lo hacemos.

Sor Walter es una hermana irlandesa y posee una espiritualidad hermosa. Es una espiritualidad de toque ligero y relación continua con cualquier tema que se dé. Aunque dice ser tímida, Sor Walter tiene un sentido de humor ágil. Su sonrisa es auténtica y rápidamente le da a uno un sentido de confianza. Inmediatamente se percibe la alegría y el compromiso que trae a su ministerio, ya sea en liderazgo de la Congregación o al trabajar en la Universidad del Verbo Encarnado ubicada en San Antonio, en calidad de vicepresidenta de Misión y Ministerio.

De herencia irlandesa, no sorprende que sea una narradora talentosa. Las historias me recuerdan a un slip jig irlandés, al pasar con agilidad de una risa alegre a una reflexión tranquila y luego llegar con un salto al entendimiento mutuo. En uno de mis viajes a San Antonio, tuvimos una visita relajante y Sor Walter comenzó a conversar y compartió sus perspectivas sobre la gracia y el liderazgo.

Estoy sorprendida de mi vida. Cuando era joven, nunca podría haber imaginado algunas de las cosas que he hecho, no necesariamente porque las hice, sino debido al contexto, la comunidad, las oportunidades, los desafíos. Algunas veces decía "sí" cuando realmente no estaba segura de querer decir "sí" y me habría sentido mucho más cómoda diciendo: "No, realmente no hace falta que diga que "sí" a eso. Puedo esperar un poco".

La gracia siempre llega en el momento cuando el "sí" tiene que suceder.

Soy un poco tímida, por lo que ha sido ese uno de los grandes misterios para mí. De repente, sea cual sea la gracia que necesito, llega a mí. Esa gracia te permite trascender o transformarte. Dejas que todo lo que surge ante ti te abrace y fluyes hacia la experiencia.

Durante mi juventud, aprendí muchas cosas en mi trabajo que me ayudaron con el liderazgo de la Congregación. Trabajar en la universidad con los alumnos internacionales me enseñó a tomar riesgos y seguir adelante con la experiencia. Teníamos que ver cosas que no concordaban del todo con la forma normal de hacer las cosas: salir, tener la perspectiva de verlas desde afuera, y seguir avanzando.

Me enfrenté a otro reto cuando asumí la responsabilidad de la comunidad de hermanas que vivían en la universidad. En la década de 1980, tomamos la decisión de mudarnos para que la universidad pudiera usar el espacio. Muchas de las hermanas eran mayores y hubo todo un periodo de caos y locura. Acabábamos de concluir la construcción de la Villa del Verbo Encarnado, nuestro centro de retiro al lado del campus, y muchas de las hermanas se mudarían ahí. Pero luego nos unimos de una manera maravillosa como comunidad. Las hermanas dijeron: "Lo vamos a hacer así" y facilitaron la mudanza.

Luego regresamos para una liturgia y celebración navideña. Solía cocinar mucho más que ahora y les encantaba cuando iba a la cocina porque podía hacer que la comida fuera realmente atractiva y muy sabrosa. La Navidad es un día de celebración especial para nosotras y esa celebración navideña en particular era un encuentro, una celebración espiritual de comunidad, de transformación y de dejar ir y convertirnos en un nuevo misterio en Dios.

Después, envié un pequeño libro de recuerdos a las hermanas y algunas de ellas me enviaron bonitas notas de agradecimiento. Sor Josephine me dijo que el misterio estaba en que independientemente de lo que estuviera sucediendo, fui líder al invitarlas a todas a compartir las responsabilidades conmigo. Eso para mí es el liderazgo. Todas participan, es propiedad de todas. No me da miedo lavar ollas. Si iba a la cocina a lavar los platos, entonces era una invitación para que todas las demás vinieran y participaran, que vinieran y fueran parte del todo. Todas vinieron y se convirtió en una experiencia de la verdadera comunidad.

En cuanto al liderazgo, tengo un absoluto sentido de profunda gratitud por todo lo que Dios me ha dado, pero también por todo lo que recibí de las hermanas. El liderazgo es servicio. Si hay algo que aprendí a través de esa experiencia, es que cuando abrimos los brazos e invitamos a las hermanas a participar, el liderazgo compartido se vuelve aún más poderoso.

Cuando delegamos lo que se les debe delegar y las hermanas asumen esa responsabilidad, entonces vamos juntas en el camino.

Al ir concluyendo el tiempo que teníamos juntas, Sor Walter me dejó con un sentido de su continua gratitud, fe en el poder del amor y cómo ve que el carisma de las Hermanas avanza hacia el futuro.

Al analizar mi vida, estoy absolutamente sorprendida por las oportunidades y las experiencias que he tenido. Mi corazón se desborda de gratitud y por eso siempre quiero que tengamos ese profundo sentido de gratitud a Dios, que es una característica tan importante de nuestras primeras hermanas. La otra característica es ese sentido de alegría, la alegría del regalo de la vida y la manera en la que utilizo mi vida para estar en presencia de Dios en el mundo actual.

¿Cómo utilizamos nuestro regalo de vida no sólo como hermanas individuales, sino también como una comunidad de hermanas en el mundo? El Evangelio y los Hechos de los Apóstoles hacen hincapié en "vean cómo se aman los unos a los otros".

No hay nada más contundente o poderoso que el amor. No es sólo la parte emocional, sino que el amor también es una respuesta intencional y disciplinada. Si amas a alguien, entonces quieres que lo bueno de esa persona sea expresado. Es un desafío porque algunas veces significa que sabes lo que está sucediendo en la vida de una persona y puede ser necesario que le digas: "Espera un minuto, no estoy segura de que lo que estás haciendo en este momento sea realmente lo que debes hacer. Tal vez quieras pensarlo más». De alguna manera lo expresas y no sabes si esa persona lo acepte o lo rechace.

Si lo rechaza, todavía sigues amando a esa persona y la apoyas con todo amor, pero no se les puede obligar a nada. Es muy difícil hacerlo, quedarte ahí y amarla cuando sabes que, por ejemplo, tienes que decirle: "Joven, estás desperdiciando 4 años de tu vida y no estás aprovechando la oportunidad de recibir una educación". Tienes que empoderarte para no dejar que todo eso se interponga el apoyar a esa persona en amor. No es fácil de hacer, pero eso es lo importante.

Tenemos que amar como amaba Jesucristo, el Verbo Encarnado. También debemos darnos cuenta al mismo tiempo que siempre presentaba un desafío para los que Él amaba. Cuando alguien no podía afrontar el desafío, Él los dejaba ir y tal vez en otro momento volverían. Al reflexionar sobre eso, ¿cómo mantenemos abiertos el corazón y el espacio para permitir la posibilidad de una conversión o un cambio de sentimientos? En última instancia, creo que se trata de ser pacientes con nosotros mismos y con los demás, y reconocer que todos estamos en un proceso que no concluirá hasta que viajemos al siguiente mundo.

¿Cómo nos ayudamos mutuamente en ese camino? Algunos días son más fáciles y algunos días son más difíciles, pero debemos comprender que estamos juntos en eso y nos apasiona estar juntos. Afirmamos que de eso se tratan nuestras vidas.

La otra parte es que realmente tenemos que conocernos a nosotros mismos. Estoy consciente de que no podemos conocernos por completo, pero necesitamos saber lo que nos motiva, lo que nos desmotiva y dónde nos atoramos. Debemos hacer el trabajo interno y hacer el viaje interno porque de lo contrario no somos "reales". Pienso en la historia de "Velveteen Rabbit", del conejito de juguete que se volcaba en los demás y se volvió de verdad, muy real. En última instancia, nuestra vida es un volcar.

Algunos días sientes que lo que hay que hacer aquí es una labor enorme y dices "¿todavía tengo la energía para eso?", pero incluso cuando siento que mi energía es limitada, todavía hay suficiente pasión. Así que esa es la otra parte, que debemos saber quiénes somos y hacer nuestro trabajo interno. Si no hacemos eso, me temo que proyectemos nuestra propia oscuridad, en vez de luz, sobre los demás. Debemos ser muy intencionales y responsables acerca de eso, no sólo nosotras mismas, sino como una comunidad unida.

En cuanto al futuro, será un estilo de trabajo muy distinto conforme avanzamos de la Era Industrial del pasado y pasamos del enfoque actual en la prestación de servicios hacia un futuro en alguna parte de una era de la información, en la "nube". Aunque una parte del trabajo siga, ¿cómo vamos a considerar en dónde está la misión? La misión realmente está afuera con el pueblo de Dios, dondequiera que esté. Nuestras instituciones pueden ser apoyo del trabajo, pero más frecuentemente, la misión está allá, afuera, en el mundo. Puede ser una persona en la calle que sostiene un letrero; cuando miro a la persona y digo: "ese podría ser mi padre, podría ser mi madre, podría ser mi hermana. Y si eso fuera el caso, ¿qué quisiera hacer y cómo lo haría?

¿Cómo nos mantenemos abiertos y cómo hacemos que nuestra cosmovisión incorpore todo lo que está sucediendo en el mundo? ¿Cómo conmueve a nuestros corazones? He notado que siempre hay un momento en el que entra el Espíritu. A veces puede ser tan sencillo como un comentario casual que te hace pensar. Pequeñas cosas que pueden iniciar la transformación.

La gracia siempre llega en el momento en el que el "sí" debe suceder.

Chispa Divina: somos chispas de lo Divino

En uno de mis viajes a San Antonio, cené con Sor Alice Holden. Ella había preparado todos los ingredientes para la sopa de verduras y en la mesa junto a la estufa había montones de cubitos de apio, zanahoria, cebolla y papa. Una olla de caldo estaba hirviendo a fuego lento en la estufa y Sor Alice me dijo que prepararíamos nuestra sopa echando las verduras en el caldo después de que hirviera. Un poco fuera de lo convencional, pero normal para Sor Alice.

Originaria de Chicago, Sor Alice es alta, de llamativo cabello blanco y facciones afiladas. Cada conversación con ella tiene transiciones interesantes. Es poeta, artista y, en mi opinión, una mística que extrae sabiduría y energía de sus estudios de las tradiciones religiosas de todo el mundo, de la naturaleza y de sus relaciones con los demás. Se viste de colores vibrantes e incluso cuando está quieta, da la sensación que estuviera corriendo por la habitación.

A pesar de toda su energía creativa, tiene el compromiso de servir a la Congregación, inclusive cuando tuvo que dejar de lado sus dones y obtener maestría en Administración de Empresas ya que era necesario para servir a los necesitados. Pero Sor Alice es mucho más que eso, como me di cuenta cuando compartió su historia.

Me asombra que Dios me haya usado de diferentes maneras. Comencé como maestra de educación primaria durante unos 15 años y luego fui directora durante 3 años. Después me pidieron que fuera a un orfanato, St. Joseph's, el cual desconocía por completo. Resultó que los niños no eran huérfanos, sufrían problemas emocionales. La provincial, Sor Stephen Marie, me envió cuatro semanas a la Universidad de Saint Louis para prepararme. Eso fue todo con lo que contaba, cuatro semanas de preparación.

Después de dos años me pidieron que fuera a El Paso a la casa de niños en esa ciudad y me puse firme y dije: "No. No voy sin título de maestría". Fue entonces cuando fui a Chicago por mi maestría en Administración de Empresas. Ni siquiera sería capaz de sacar el saldo de una chequera si es que la tuviera; por lo menos la administración de empresas tenía que ver con las personas. Las hermanas nunca me pidieron volver a ayudar con eso porque tengo un espíritu demasiado libre para realmente concentrarme en eso. Soy fuera de serie en cuestión de intuición.

Desde entonces, ella ha sido docente, ha trabajado en el ministerio parroquial, ha servido en el liderazgo provincial, ha practicado Tai Chi Chih y ha dirigido el centro de espiritualidad en el RE-Barn. En esencia, Sor Alice es una fuerza creativa de carácter fuerte, siempre extendiendo los límites. No sin haber sido motivo de controversia, sin embargo, ella asume todo lo que es.

Mis errores me han acercado más a Dios que cualquier otra cosa. Uno de mis errores fue una maravillosa exhibición de arte en el Re-Barn, el centro de espiritualidad que inicié en nuestro antiguo establo detrás de la Villa de Brackenridge. Cuando ocurrió el problema, me enojé tremendamente al respecto. Pero ahora que lo recuerdo, veo que fue una gran bendición.

Había organizado una exhibición de pinturas en el Re-Barn. La artista estaba repartiendo las invitaciones para la inauguración y no vi las tarjetas antes de que fueran enviadas, pero la inauguración estuvo bien. Salí con una amiga a acampar en el Gran Cañón. Estuve prácticamente fuera de contacto todo ese tiempo, aunque había intentado llamar a Sor Blandine. En ese tiempo vivía en una casita detrás de la casa de una amiga y cuando regresé había un mensaje clavado en la puerta pidiendo que llamara al provincialato cuanto antes me fuera posible.

A la mañana siguiente llamé y estaban muy enojadas conmigo. No podía culparlas porque se habían acumulado un gran número de faxes y cartas de personas de todo el mundo, la noticia de la exhibición de arte incluso había llegado a una base militar en Alemania. Había un artículo al respecto en The New York Times. La pintura que la artista había elegido para ilustrar el anuncio de la inauguración era escandalosa, como mínimo. La persona en Alemania escribió: "¿Dónde estabas cuando yo estaba creciendo? ¡Nunca conocí a una monja como tú!" Otros fueron muy duros y dijeron cosas terribles. Estaban escandalizados. Se dieron ambos extremos.

Fue un momento difícil y aprendí mucho de él. La verdad más importante que aprendí de esa experiencia es que hay que ser responsable de tu propia vida. Cuando se arma la gorda, no hay mucho que puedas hacer al respecto. Apártate si puedes o mantén un bajo perfil, pero eres responsable.

Sor Alice cambió la conversación a la espiritualidad, lo que no me sorprendió. La espiritualidad y la Encarnación casi siempre logran ser insertadas en cualquier conversación con Sor Alice.

Mi vida está consumida con la presencia divina. Es la Encarnación. Dios está aquí dentro de nosotros, dentro de todos y algunas veces somos más conscientes que otras. Fundamentalmente, la

Encarnación es ponernos en contacto con nuestro verdadero ser. ¿Quién es Dios? A menudo digo que cuando Dios creó, simplemente explotó. ¡Se hizo boom! El Big Bang. Y Dios el Verbo se hizo carne. El Verbo se convirtió en estrellas, la creación, todo. El Verbo. Y luego a la larga, se convirtió en Jesús de Nazaret.

Cuando entré al convento para responder a algunas de esas inquietudes, la idea de la Encarnación era Jesús de Nazaret a los 12 años con su manita alzada, dirigiendo el tráfico. Incluso tenemos sus dos dedos alzados haciendo un signo de paz. Después del Vaticano II examinamos nuestro carisma, misión e identidad. La Encarnación no se limita a Jesús de Nazaret a los 12 años. Dios está encarnado en todos. Dios está presente en los que son pobres económicamente, los que son pobres emocionalmente, aquellos que son pobres espiritualmente. Dios está presente en todas las personas.

Nuestra respuesta es hacernos conscientes y difundir la conciencia de que Dios está encarnado. Trabajamos para que la presencia real de lo divino sea creíble, tangible y audible en nuestro mundo. Ayudamos a las personas a ver que Dios está dentro de todos nosotros, no solamente unos pocos elegidos o aquellos que son santos. Ahí es donde está Dios.

Recuerdo que cuando estaba en St. Joseph en Dallas y una de las hermanas dijo: "¿Qué vas a hacer hoy? Te has puesto pantalones." Acabábamos de dejar el hábito. Y dije: "Voy a alimentar a los patos." Fui a parque, alimenté a los patos y escribí un poema,

> *Tenemos frío, señor.*
> *Tenemos frío.*
> *Tenemos frío en nuestras relaciones mutuas.*
> *Tenemos frío en los ministerios.*
> *Tenemos frío.*
> *Sopla sobre nosotros y haznos brasas de tu amor.*
> *Somos fuegos de tu amor.*

La idea de cambiar del frío a las brasas vino en el poema. Trabajaba con niños perturbados y nos gritaban y atacaban. Pero lo Divino existía dentro de ellos, lastimado, terriblemente lastimado, emocionalmente, espiritualmente, mentalmente.

Chispa divina: somos chispas de lo Divino. Necesitamos reconocer eso en nosotros mismos, es quien somos realmente. Ése es nuestro trabajo, reconocer lo Divino dentro de uno mismo y convertirnos en quienes somos en realidad. Y luego te conoces por primera vez. Afirmamos que la Encarnación está dentro de cada uno de nosotros.

No son sólo los católicos o cristianos en quienes existe esa Encarnación, esa chispa. Solía pensar que la recibías en el Bautismo, pero no es así. El Bautismo es la celebración de tu pertenencia a esta comunidad, a esta familia. Pero también es una celebración de lo que ya está ahí. El hecho de que somos hijos de Dios. Que *somos una chispa de lo Divino que siempre estuvo ahí. Está en la creación. Está en el meñique de uno. Está en el momento. Está en todas partes. ¿Qué material tuvo Dios para crear? Cuando Dios creó, sólo existía Dios. ¿Pensaste alguna vez acerca de eso?*

Fue entonces cuando nos dimos cuenta de que habían pasado varias horas. Sor Alice y yo regresamos a la cocina para echar las verduras y cocinar nuestra sopa, pero el caldo se había evaporado por completo. Nos reímos y simplemente compartimos pan y mantequilla.

Dios en nuestro interior: la Encarnación

Estoy segura de que la primera vez, y probablemente la última vez, que las palabras "espiritualidad de la Encarnación" hayan aparecido en el periódico *Saint Louis Business Journal* fue en una entrevista que hice hace unos 15 años. Desde el principio, esas palabras con frecuencia han surgido en mi trabajo en la Fundación del Verbo Encarnado. Son el corazón del carisma de las Hermanas, otra palabra que no es muy común en el lenguaje usual... En ese entonces, ambos conceptos eran nuevos para mí. De los dos, carisma es el más fácil de definir. En forma sencilla, carisma es un don especial. Sor Rosaleen Harold me dijo:

> *El carisma es un don, no una posesión. Es un don que debe compartirse y pasarse a las generaciones futuras. Las Hermanas no le dan nuestro carisma a la*

gente ni pasan nuestro carisma a otros, pero cuando las personas se encuentran con nosotras o trabajan con nosotras, descubren el carisma en sí mismas.

El carisma es un don de Dios que te ayuda a vivir tu fe o a vivir el Evangelio. En mi pensamiento, este carisma es el fundamento de la filosofía de las Hermanas. Es lo que las motiva. Impregna el "cómo" y el "por qué" deciden hacer lo que hacen. El carisma es lo que fundamenta el trabajo de la Fundación del Verbo Encarnado, y al paso del tiempo, también ha llegado a ser mi propio fundamento. Ese carisma es la Encarnación.

En el principio existía el Verbo, y el Verbo estaba con Dios, y el Verbo era Dios. Él estaba en el principio con Dios. ... Y el Verbo se hizo carne y habitó entre nosotros.
Juan 1: 1, 14

La espiritualidad de la Encarnación ve a Dios en nosotros y entre nosotros. Dios está presente en nuestras relaciones con los demás.

Al principio, siempre les pedía a las hermanas que me definieran este concepto.

Cuando daba pláticas sobre la Fundación y sobre su misión, me sentía confiada hasta que llegaba a la espiritualidad de la Encarnación. Me preocupaba pensar que dijera algo mal o que alguien hiciera una pregunta a la que yo no pudiera responder. Además, no quería predicar demasiado. En pocas palabras, me preocupaba equivocarme; no soy de ninguna manera experta en teología.

Aunque quizás las hermanas me hubieran podido salvar de mi angustia dándome algunas recomendaciones de libros que pudiera leer, no lo hicieron.

En ese tiempo, sentí cierta frustración, pero ahora veo la sabiduría que hubo en ello. He llegado a creer que entender la Encarnación en todos sus aspectos es imposible. Supera nuestras habilidades. Es algo místico. Aunque se ha escrito mucho sobre la espiritualidad de la Encarnación, es cuando uno la vive que empieza a entender lo que significa ver a Dios en uno mismo, en los demás, en su relación con los demás y en el mundo. Las hermanas han enseñado este concepto con su ejemplo, y al paso del tiempo, he visto la conexión entre sus acciones y lo que es el corazón de esas acciones: vivir la espiritualidad de la Encarnación.

Cuando les he pedido a las hermanas que compartan sus pensamientos sobre la espiritualidad, en sus repuestas se intercalan puntos que comparten y tienen en común. Sienten que la espiritualidad de la Encarnación se basa en el amor, en la presencia, en las relaciones, en los dones únicos que hay en el interior de cada uno de nosotros.

LAS RELACIONES:
Para Sor Helena Monahan, las relaciones son esenciales para la espiritualidad de la Encarnación:

La divinidad está presente en cada persona. Si rechazo a alguien o no aprovecho el hecho de estar con esa persona, en realidad me he perdido de algo relacionado con esa persona, de algo relacionado con Dios y simplemente de algo de la experiencia de vivir. Trato de vivir eso porque hace que la vida sea más tranquila pues cada momento se vuelve importante. Yo ya no quiero apresurarme en la vida. La vida no sigue por siempre, y quiero disfrutar cada momento tanto como sea posible, valorando a la persona con la que estoy, sin importar lo que esté sucediendo.

A veces es un desafío hacer esto cuando estás con una persona con la que no estás de acuerdo en absoluto en cuanto a temas que consideras importantes. Tal vez sólo quisieras gritar porque no te puedes imaginar cómo es que esa persona puede creer lo que cree. Ese es el momento para dar un paso atrás, apartarte de tu enojo y darte cuenta de que esa persona es un ser humano que tiene las mismas facultades para razonar y para tomar decisiones que la que tienes tú, y que, de alguna manera, ha llegado a esa conclusión. Siento que no tengo que estar de acuerdo con estas personas pero que puedo enfrentarme a ellos de la mejor forma que me sea posible sin dejarme llevar por las emociones. Requiere una disciplina enorme.

Recientemente, he estado leyendo el libro "Living Buddha, Living Christ" [Buda Viviente, Cristo Viviente] escrito por Thich Nhat Hanh, que describe cómo los principios de ambas creencias son muy similares, y reflexionando acerca del libro. Una premisa clave, que considero válida, es que toda vida es un "continuo".

Está el "antes de que yo naciera" y está "mi vida" y después vendrá "lo que ocurrirá después de mi muerte", pero en realidad todo es un "continuo". Al entender esto desaparece el miedo y esto te ayuda a vivir el momento presente sin preocuparte por lo que va a suceder.

Esto es muy enriquecedor y se relaciona mucho con la Encarnación ya que "En el Principio estaba el Verbo y el Verbo estaba con Dios". El Verbo siempre existirá. Lo que es Dios y lo que es el Verbo, la expresión de Dios, eso es lo que estamos tratando de vivir, y eso está presente en cada persona. Por lo tanto, ahí es donde estoy yo.

PRESENCIA:

Sor Kathleen Coughlin considera que estar presentes en nuestras relaciones es el sello distintivo de la espiritualidad de la Encarnación:

Yo podría describir la espiritualidad de la Encarnación como encarnar al Verbo en el mundo de hoy y encarnar al Verbo en nuestras interacciones. Para mí, nuestra espiritualidad tiene que ver con las relaciones y con la forma en que, a través de esas relaciones, está presente el Verbo. Siempre he tenido presente algo que Sor Sarah Lennon mencionó en una presentación hace muchos años. Dijo que la forma en que yo la escuchaba cuando ella hablaba conmigo le ayudaba a que el Verbo emanara de ella. Y que en la forma en que yo le respondía, estaba yo compartiendo al Verbo con ella a partir de mi experiencia de vida. Es un dar y recibir espiritual que es enriquecedor.

Cuando nos encontramos en una conversación, es muy importante que le demos ese sentido al hecho de escucharnos unas a otras, y eso se logra a través del lenguaje corporal y a través de aquello en lo que nos enfocamos, tanto en relación con la persona que está hablando como con las demás personas que estén en la habitación. Si somos seis personas las que estamos en la habitación, mi contacto visual no se concentra solo en ti. También tengo contacto visual con todas las demás personas y así reconozco que el Verbo está en cada una de nosotras. Eso nos incluye a todas.

He tratado de vivir eso. Significa mucho para mí porque las personas me agradan y quiero tener una relación con ellas. Darle una connotación espiritual a esa experiencia, fortalece mi compromiso con el Verbo Encarnado y el aspecto espiritual de mi vida.

CRISTO EN LO ORDINARIO:

Sor Annette Pezold ve la Encarnación como parte de lo que constituye la vida diaria:

Podría describir la espiritualidad de la Encarnación como simplemente ser capaz de traer a Cristo a mis interacciones diarias con los demás. Solo tenemos que preocuparnos por una cosa. Jesús dijo:

> *"Ama a tu prójimo como a ti mismo"*. *Para mí, eso es, en realidad, el principio que nos guía. En ocasiones, eso es lo único que te ayuda a seguir adelante, ya que no todas las personas son agradables. Es un reto aceptar a las personas tal como son sin juzgarlas, lo que es un error común. En cuanto empiezas a aceptarlas, creces y ves otro aspecto de ti misma.*

AMOR Y MISERICORDIA:

Sor Rosa Margarita Valdés Tamez, se concentra en el amor y la misericordia:

> *El carisma es la presencia del amor del Verbo Encarnado. Es un don de Dios para prestar servicio en esta Tierra, y en especial para dar servicio en Perú. Aquí puedo compartir con los demás la misericordia y el amor de Dios. Es un desafío constante para mí porque nunca seré tan grande como el amor del Verbo Encarnado; sin embargo, hago esfuerzos para practicar la misericordia. Sigo aprendiendo mucho de la gente de Perú y de las personas con quienes trabajo todos los días. Eso es vivir el carisma.*

INTERCONEXIÓN:

Para Sor Dot Ettling, se relaciona con nuestra interconexión con los demás:

> *Como parte de la espiritualidad de la Encarnación, reconocemos que, en conjunto, estamos llamadas*

a aceptar que somos hermanas y hermanos y que somos responsables unos de otros. Todos tenemos una interconexión. Para mí, ese es el mensaje básico de la Encarnación. Jesús vino a este mundo como un signo visible del amor de Dios y para decirnos que no hay fronteras; no se trata de "ellos" y de "mí". Se trata de un NOSOTROS enorme.

Como individuos, tenemos muchos límites y tenemos muchas barreras, pero necesitamos superarlas y estar realmente presentes unos con otros. Necesitamos construir juntos un mundo y un entorno donde las personas puedan prosperar, donde las personas puedan llegar a ser lo que están llamadas a ser por el mero hecho de su creación y de su realidad humana.

Para mí, es un misterio maravilloso.

PROMOVER LA DIGNIDAD HUMANA:

Para Sor Martha Ann Kirk, la Encarnación abarca la dignidad humana:

Aquí estoy llena de gozo, y cada vez tengo más oportunidades de estar cerca del corazón del Compasivo en la contemplación, y cada vez hay más oportunidades para tratar de caminar con quienes tienen menos. Como Hermana del Verbo Encarnado, necesito escuchar el clamor de nuestro mundo. Necesito escuchar el clamor de la creación y el clamor de los inmigrantes. Esa es nuestra vocación.

> *Como maestra, constantemente pienso: "¿Qué es lo que realmente importa? ¿Qué quiero enseñar?". Compasión, justicia social, creatividad. Escuchemos y acerquémonos al corazón compasivo de Dios. Seamos creativos y estemos conscientes de que nada es imposible para Dios. Tomemos riesgos y vivamos la vida con alegría.*
>
> *Nuestra constitución dice que debemos llevar el amor salvador y sanador del Verbo Encarnado a otros y promover la dignidad humana. Estamos llamadas a reconocer la dignidad humana, a promoverla, a escuchar la voz de las personas vulnerables. Estamos llamadas a la justicia social.*

VIVIR EN LA CREACIÓN:

Sor Theresa McGrath reflexiona sobre otro aspecto de la espiritualidad de la Encarnación: la presencia de Dios en la creación.

> *Me encanta Pierre Teilhard de Chardin, S.J., y tengo una tarjeta con esta cita: "En virtud de la Creación, y aún más en la Encarnación, nada de lo que tenemos aquí abajo es profano para aquellos que saben ver". La teología del pasado delineó una verdadera dicotomía entre lo profano, lo secular y lo sagrado. Sin embargo, cuando reflexiono desde el punto de vista de Chardin, veo que Dios está presente en toda la creación.*

Todo es sagrado porque todo ha sido creado por Dios. La creación, ya sea en las personas, en la vida animal, en los árboles... toda la creación es sagrada para Dios. Por lo tanto, eso es la espiritualidad de la Encarnación, el hecho de que el espíritu de Dios está vivo, respira y vibra en el interior de todas las cosas, por lo tanto, todo es sagrado. Nada de lo que Dios ha creado es malo. En el Génesis, Dios vio todo lo que había hecho y vio que era bueno. Eso es profundo. Dios está a nuestro alrededor en la creación y está en nuestro interior. Con frecuencia reflexiono en las palabras que aparecen en el Escudo de San Patricio:

Cristo conmigo, Cristo ante mí, Cristo detrás de mí,
Cristo en mí, Cristo debajo de mí, Cristo sobre mí,
Cristo a mi derecha, Cristo a mi izquierda,
Cristo cuando me acuesto, Cristo cuando me siento,
Cristo en el corazón de cada persona que piensa en mí,
Cristo en la boca de cada persona que habla de mí,
Cristo en los ojos que me ven,
Cristo en los oídos que me escuchan.
Cristo está en nuestro interior, en el interior detodas las personas y en el interior de toda la Creación.

EL MISTERIO:

A final de cuentas, Sor Brigid Marie Clarke describe la Encarnación como un misterio profundo:

Dios en nuestro interior: la Encarnación

Dios, quién es infinito, decidió convertirse como todos nosotros en todas nuestras limitaciones, con excepción del pecado. En Jesús, el Cristo, el Verbo de Dios, Dios eligió revelarse de una forma humana. Eso es un amor profundo.

Y la revelación de quién es Dios sigue revelándose a nuestro alrededor en la creación. La plenitud de esta revelación está más allá de los límites de nuestra comprensión, pero es muy real. Pero ¡aún hay más!

La revelación de quién es Dios y cómo es Dios también continúa a través de cada ser humano. Cada uno de nosotros ha sido creado para ser una revelación continua al mundo de la presencia de Dios, del amor de Dios, y del perdón y la compasión, tal y como lo fue Jesús.

Eso es lo que somos. ¡Qué identidad tan extraordinaria la nuestra!

La imagen de la Encarnación que yo llevo conmigo misma, es un mantra sencillo basado en una cita que Sor Brigid Marie Clarke me compartió en la reunión de uno de los ministerios:

> *Cada uno de nosotros es palabra de Dios*
> *que se pronuncia una sola vez.*
> *—Sor Peg Dolan, RHSM*

En el principio, estuvo el Verbo, y ese Verbo está en cada uno de nosotros, siempre presente, aunque no lo reconozcamos. La manera en la que lo revelemos de manera singularmente nuestra, y la manera en la que lo veamos en cada persona que conocemos, esa es la esencia de quiénes somos y lo que seremos.

Alegría para el mundo

Las mañanas con Sor Dot Ettling y con Sor Neomi Hayes siempre eran iguales. Sor Neomi se levanta antes del amanecer, y como yo me levanto tarde, no me percato de sus pasos silenciosos por la casa; Kitty, la gatita blanca y negra, se frota contra ella y le da los buenos días con suaves maullidos. Sor Neomi tiene setenta y tantos años de edad y es menudita; tiene brillantes ojos azules y una voz aguda con acento irlandés. Estuvo muchos años en lo que ella llama "el colegio", la Universidad del Verbo Encarnado, pero ahora, sus responsabilidades primordiales incluyen redactar solicitudes para fondos y subvenciones y notas de gracias para Women's Global Connection (Conexión Global de Mujeres) y ofrecer hospitalidad.

Prepara el té y pone la mesa para el desayuno; siempre usa los platos azules, los manteles individuales africanos, y pone la mantequilla y la mermelada para el pan tostado. Pone tazón para cereal en todos los lugares, aunque sabe que yo nunca como cereal. Rebana fruta fresca que toma de la estantería de la cocina, pues sabe que es parte de mi desayuno favorito. Todo esto marca un gran contraste con el licuado de yogur que me preparo a toda prisa cuando estoy en casa.

Para la hora en que me levanto, ella y Sor Dot están en la sala compartiendo su reflexión matinal. Sor Dot también tiene setenta y tantos años de edad; es alta y delgada y tiene el porte elegante de una modelo. Habla con el acento de St. Louis, igual que yo, tiene inquietos ojos color café. Tenemos temperamentos similares, siempre estamos haciendo demasiadas cosas a la vez, imaginándonos nuevas formas de extender la misión y creando proyectos nuevos. Sor Dot es académica y hace malabares pues se involucra en actividades de enseñanza, supervisa tesis y ayuda a Women's Global Connection, ministerio fundado por ella, que se lleva a cabo en África y en América del Sur. También ayuda en actividades de recaudación de fondos.

Pero en la reflexión matutina, ambas hermanas están en paz. A veces encienden una vela, a veces no. Siempre me detengo por un minuto y contemplo la imagen de la Virgen de Guadalupe en su pequeño santuario sobre la mesa que está cerca de la ventana; veo el dibujo de estilo mexicano contemporáneo que representa la Visitación donde Isabel y María comparten noticias maravillosas; contemplo el cuadro renacentista de la Anunciación donde el rostro de María muestra una sonrisa sutil; veo también la imagen de la mujer africana que cuelga en la pared; y el círculo de mujeres de terracota que está sobre la mesa cerca de la entrada. Todas estas mujeres son una manifestación del poder de las relaciones y de la chispa divina que hay en nuestro interior.

Siempre que llego, Sor Neomi y Sor Dot terminan su oración y abundan las sonrisas. Sor Dot normalmente me saluda diciendo: "Buenos días, joven", mientras Sor Neomi empieza a preparar el té y el desayuno. El té helado que ella siempre me tiene listo es un testimonio del amor que siente por mí, aunque presiento que el té helado no va muy de acuerdo con su alma irlandesa.

Cuando le pregunté a Sor Neomi que cómo vive la misión o el carisma de las hermanas, ella me entregó un poema escrito por Mary Oliver que ilustró con imágenes de colibríes:

Este es el primer poema de la colección "Sed" de Mary Oliver, se titula: "El Mensajero"

Mi trabajo es amar el mundo. Aquí los girasoles, ahí el colibrí iguales buscadores de dulzura.
Aquí la acelerada levadura; ahí las ciruelas negras.
Aquí la almeja hundida en la arena moteada.

¿Mis botas son viejas? ¿Mi abrigo está rasgado?
¿Ya no soy joven y todavía ni medio perfecta? Déjame tener mi mente en lo que importa,
que ese es mi trabajo,
que es básicamente estar en silencio y aprender a estar

asombrada.
El tigüin de agua, la espuela de caballero.
Las ovejas en el pasto, y el pasto.
Que es básicamente regocijarme, pues todos los ingredientes están aquí.

Que es gratitud, por haberme dado una mente y
un corazón
y este cuerpo,
una boca con la que dar gritos de alegría
por la boca y el reyezuelo, por la almeja adormilada desenterrada,
diciéndoles a tod@s ell@s, una y otra vez, cómo es que vivimos para siempre.

"Mi trabajo es traer alegría al mundo", dice ella con una sonrisa, como si me dijera algo completamente ordinario, como si me estuviera diciendo la hora. Después, compartió conmigo su trayectoria.

Es una trayectoria que han vivido muchas de nuestras hermanas irlandesas. De adolescente, salió de Irlanda sin pensar en la posibilidad de regresar. Después pasó años dando clases en escuelas primarias, y luego su camino la llevó a trabajar en el Colegio, que hoy en día es la Universidad del Verbo Encarnado, donde escuchó las esperanzas y preocupaciones de miles de jóvenes que vivían en los dormitorios. Después su vida dio un giro sorpresivo y tuvo la oportunidad de crear un ministerio nuevo en el que trabajó con mujeres sin hogar y con sus hijos. Después su camino llevó a Sor Neomi a una vida deoración y bondad y a cuidar de su jardín, y a compartirconmigo su profundamente afinada sabiduría y la manera en la que disfruta el mundo.

La forma en que ves el mundo y tu lugar en ese mundo depende de tu visión del mundo.

Empecé con una visión del mundo llena de miedo, una visión muy distinta a la manera en que veo las cosas hoy en día. Me preocupaba pensar que haría mal las cosas. Vine de Irlanda para entrar al convento y en esos días uno no pensaba que alguna vez podría regresar. Mi primera misión fue muy difícil. Estuve en la escuela St. Francis en Nuevo Orleans . Vivíamos en la planta alta y el colegio estaba en la planta baja. Solo tenía 18 años de edad. Después de clases, me sentaba en el carrusel del patio y vestida con mi hábito negro, lloraba. Me preguntaba si Cristo alguna vez se había sentido así.

Al paso del tiempo, desarrollé el sentido de la vida interior. Participábamos en retiros anuales donde había mucho silencio y teníamos mucho tiempo. Los domingos eran días de reflexión. Esto me dio un sentido de disciplina y tal vez en el nuevo orden de todo algo de esto se ha perdido. Teníamos que empezar a orar a las 5:30 de la mañana. Cuando prendíamos nuestros velos con alfileres con frecuencia nos sacábamos sangre porque no había espejos; de modo que yo a veces usaba una ventana como espejo.

Estuve tres años en el colegio de Nuevo Orleans y me encantaba la ciudad. Estábamos lejos de la Congregación de San Antonio, que era muy agradable. Luego, cuando me asignaron a la universidad en San Antonio, trabajé para Sor Anastatius, una de las hermanas más dulces que yo haya conocido. Era la encargada de las matrículas. Seguramente le causé muchos problemas durante los primeros 6 meses porque no sabía usar la máquina de escribir y cometía muchos errores. Entonces, me mandaron a la oficina administrativa y me dieron tres días para aprender a escribir en máquina. Sor Theresa McGath trabajaba en la oficina de la Decana Académica y era muy rápida en su trabajo. Recibí mi título universitario en 1959.

Seguí en la universidad y acabé hospedándome en el dormitorio donde vivían las estudiantes. Disfruté mucho vivir con esas jóvenes de pequeñas poblaciones de Texas. Recuerdo que cuando se estrenó la película El Graduado les dijimos que no vieran esa película con sus novios. Ellas se sonrojaron... qué inocentes eran las jóvenes a mediados de la década de los sesenta.

Posteriormente en esa década llegaron muchos cambios. Con la renovación del Concilio Vaticano II, las religiosas emergieron al mundo moderno. Pero a lo largo de ese periodo, la reflexión nos dio la capacidad de poner las cosas en perspectiva y la distancia para aceptar lo que había sucedido. Dejé la universidad para asumir el puesto de Superiora General.

Después leí las obras de Dorothy Day y el amor que ella tenía por los pobres me cambió la vida.

Era la década de 1980 y el número de personas sin hogar estaba aumentando. Yo tenía décadas en la universidad. Empecé trabajando en la Oficina de Inscripciones y terminé como Decana Académica. Había ocupado puestos de liderazgo en la Congregación a lo largo de 11 años y pasé un año de sabático. Cuando regresé, trabajé como voluntaria en cárceles y con mujeres que habían sufrido acoso. Después de ver las terribles condiciones de los albergues de las mujeres y la falta de privacidad, me di cuenta que ese sistema no lo iba a poder cambiar.

Sin embargo, reconocí la presencia de la Encarnación en el hecho de que todas esas mujeres fueron creadas a imagen y semejanza de Dios, y seguí desarrollando la capacidad de trabajar con mujeres. Gracias a la Resurrección se libera suficiente energía psíquica para que todos nosotros hagamos lo que necesitamos hacer.

Me uní a Sor Yolanda Tarango y fundamos Casa Visitación, para recibir a mujeres y sus hijos; les ayudábamos a estudiar y a hacer una carrera. Vivíamos con las mujeres en la casa y compartíamos nuestros alimentos y nuestro tiempo con ellas. No era una estancia a corto plazo. Las mujeres se quedan en la casa durante más de un año y luego se mudan al edificio de apartamentos que está al lado. Es un ministerio maravilloso.

Ahora dedico mi tiempo a trabajar con Sor Dot en el ministerio de Women's Global Connection. Tenemos vínculos con grupos de mujeres alrededor del mundo y trabajamos con mujeres en Bukoba, Tanzania; Mongu, Zambia; y Chimbote, Perú. Me siento muy motivada cuando veo el desarrollo de estas mujeres. Es una actividad que me llena de vida.

A lo largo de nuestra conversación, me quedó claro que Sor Neomi compartía lo que ella es con cada persona que encontraba, atendiéndolos y respondiendo a sus necesidades. En ocasiones se trataba de un niño que luchaba con la ortografía de las palabras, una joven que había terminado su relación con su novio, una madre que no tenía donde vivir, una hermana que luchaba para decidir su camino. Sor Neomi entregó su bondad, su fortaleza y su comprensión en cada situación. Alegría para el mundo.

Y ahora, me da alegría a mí, con la luz de esa sonrisa adorable y encantadora. Comparte conmigo los recuerdos de una vida en la que cuidó de otras personas. Me comentaba los titulares del periódico *The New York Times*; su aguda capacidad de análisis y su sabiduría crítica provocaron que repensara mis propios puntos de vista. Me apoyó para ir analizando y solucionar los problemas de la oficina. Me ofreció una hospitalidad sencilla que es un bálsamo para el alma.

Muchas veces, cuando estoy trabajando en su casa, puedo verla a través de las puertas dobles que dan al patio y al jardín. Trabaja en el jardín con su viejo sombrero de paja, vestida con guantes grandes y suéter cárdigan. Alimenta a las aves y riega los geranios del patio. La buganvilia crece más alta que ella y poda con cuidado todos los arbustos. También lleva delicadas flores color de rosa y color naranja para el pequeño altar que hay en la sala de la casa.

Alegría para el mundo.

El camino a Emaús: vivir el Espíritu

Aquel mismo día dos discípulos se dirigían a un pueblecito llamado Emaús, que está a unos doce kilómetros de Jerusalén e iban conversando sobre todo lo que había ocurrido. Lucas 24, 13-14

Era un día fresco y húmedo de octubre cuando las hojas secas se sentían resbaladizas bajo los pies y el frío entraba hasta los huesos. Tuve una última reunión antes de conducir hacia El Puente, el ministerio de las hermanas para latinos en Jefferson City, Missouri. La reunión solo duraría aproximadamente una hora, lo cual me daba tiempo suficiente para llegar antes de la cena. Tenía muchas ganas de pasar una tarde relajante con Sor Peggy Bonnot antes de visitar El Puente al día siguiente.

Nuestras hermanas tenían décadas en Jefferson City. Varias trabajaron en la escuela parroquial, pero dos de ellas, Sor Peggy y Sor Margaret Snyder, habían fundado

El Puente junto con Sor Marianne Kramer, una hermana que desde entonces se había mudado. Sor Peggy es callada e introvertida. Tranquila y gentil, tiene el don de la presencia y se siente bien trabajando directamente con inmigrantes. La economía rural de Missouri depende de estas familias de México, Ecuador, Perú y Honduras, pero hay poco apoyo para ellas. Siendo originaria de Jefferson City, Sor Peggy es hospitalaria y tiene los pies bien puestos sobre la tierra y continuamente da la bienvenida a estas nuevas familias a la comunidad.

Recordé cómo había comenzado El Puente, este ministerio de las Hermanas del Verbo Encarnado de Missouri. Fue así de vaga la cosa: solo la semilla de una idea para trabajar directamente con mujeres y familias quienes habían llegado de la frontera sur en busca de una vida mejor. Tenían muchas necesidades y El Puente está presente para ellos y sigue creciendo orgánicamente. Las hermanas organizan clases de idioma, círculos de mujeres y preparación sacramental. Los inmigrantes necesitan ayuda con las citas médicas y las hermanas en respuesta, brindan servicios de traducción y transporte.

El Puente responde al llamado original de las Hermanas, "Nuestro Señor Jesucristo, sufriendo en una multitud de enfermos y desvalidos de todas clases, espera el alivio de vuestras manos".

Estas palabras habían dado luz a un ministerio de curación. Y un ministerio de celebración. Las hermanas se regocijan con los bautizos y quinceañeras. Organizan procesiones para la Fiesta de Nuestra Señora de Guadalupe cada diciembre, y después para las posadas, la procesión antes de Navidad en la que los niños juegan el papel de la Sagrada Familia y buscan refugio de la misma manera que sus familias habían llegado buscando hogar en una tierra a veces hostil.

Siempre disfrutaba estar con las hermanas en El Puente. Anticipaba ansiosamente el breve descanso con ellas, ya que había estado trabajando con varios colegas en un proyecto difícil para ayudar a los jóvenes de nuestra comunidad. Nuestra colaboración había sido frenética y los ánimos estaban muy tensos, tanto así que mi compañero de trabajo, Mike, se había negado por completo a trabajar en el proyecto. Algunas decisiones que algunos miembros de nuestro grupo consideraban definitivas habían sido cambiadas sin aviso previo. Varios miembros tomaron medidas que otros, inclusive yo misma, consideramos rompían la confianza entre los miembros del grupo. Tenía la esperanza de que esta reunión nos permitiría resolver diferencias y seguir adelante.

Transcurrió una hora y todavía seguíamos discutiendo qué había que hacer. Estaba molesta y frustrada porque sabía que ya era hora de que me fuera. A medida que pasaban los minutos, pude ver que iba a llegar muy tarde. Pasada la segunda hora salí y llamé a Sor Peggy.

Le dije que aún no había salido de la reunión. Me comunicó que estaba consternada ya que había invitado a asociadas laicas de las hermanas a cenar con nosotras, yquerían conocerme. Me sentí culpable de decepcionarla, así que volví a la reunión y de manera abrupta, anuncié que tenía que irme. La discusión siguió acalorada y pude ver varios ceños fruncidos mientras salía rápidamente de la habitación.

Los cielos nublados habían cedido a una fuerte lluvia mientras conducía hacia la carretera justo antes de la hora pico de tráfico. En cuanto dejé la ciudad y salí a la carretera, pisé el acelerador. Mientras conducía a través de la tormenta, reflexioné sobre la reunión, y pasaron los kilómetros volando al lado de campos plenos de cosechas salpicados de vallas publicitarias.

¿Cuándo fue que ese proyecto dio un giro tan oscuro? ¿Se trataba sobre todo de egos, de estar a cargo, salirse con la suya, tomar crédito? ¿Qué pasó con nuestro enfoque en los jóvenes que tenían tantas necesidades? ¿Cuándo fue que se perdió el respeto y la colegialidad que habían sido un sello distintivo de nuestro trabajo en el pasado? ¿Qué era lo que había cambiado?

Reflexioné sobre la historia de los dos discípulos caminando hacia Emaús, quienes se encontraron a Cristo y luego lo invitaron a cenar. Mis colegas y yo comenzamos el camino juntos, pero a lo largo del año pasado nos habíamos apartado del camino a medida que nuestras motivaciones y perspectivas se habían distanciado.

Pensé en el por qué la Fundación llevaba a cabo este proyecto. Obvio que el brindar oportunidades a los jóvenes era congruente con la misión de la Fundación del Verbo Encarnado. Pero de alguna manera en el camino, había perdido el sentido de la misión. Repasé todas las cosas que me hubiera gustado decir en la reunión. Duras palabras. Comentarios sarcásticos e hirientes. Cuanto más enojada estaba, más aceleraba hacia la tormenta. En poco tiempo ya iba a 130 como un rayo que parte el cielo oscuro y un viaje que debía haber tomado dos horas y media se completó en tiempo récord. Ni siquiera llegué tarde a la cena.

En el transcurso de nuestra cena, las mujeres y Sor Peggy compartieron historias sobre el trabajo que estaban haciendo en El Puente. Sobre todo, era un ministerio de presencia. Al principio me encontraba distraída, seguía pensando en la reunión de esa tarde. Pero después, Sor Peggy habló de acompañar a una mujer en trabajo de parto al hospital y de permanecer allí durante más de 24 horas. No podía imaginarme lo que sería estar en labor de parto en un país extraño, sin saber el idioma, en un hospital de alta tecnología con todo tipo de personal entrando y saliendo de la habitación al cambiar de turno. Sor Peggy es una presencia constante y tranquila, traducía las preguntas de la joven para el equipo médico y algunas veces sencillamente agarraba la mano de la joven madre.

Más tarde esa noche, Sor Peggy y yo nos sentamos en cómodos sillones con una taza de té en la casa en niveles construida a mediados de siglo que era el hogar de ella y las hermanas. Con su voz suave y acento del medio oeste, habló sobre su familia y su niñez en Jeffer son City, y pude ver las raíces del enfoque práctico de su vida. Todo lo que se relacionaba con Sor Peggy, desde su suéter tejido con botones, hasta su voz bajita y su mirada delicada, comunicaban una tranquilidad interior arraigada en el encuentro con Dios dentro de los eventos ordinarios de la vida cotidiana. Su realización la encontraba en el caminar con inmigrantes y sortear los desafíos constantes que enfrentan para construir una vida para sus familias en una comunidad extranjera.

Vimos a su gato Blue deambular por la habitación mientras le contaba por qué había llegado tarde. Escuchó atentamente mientras yo repasaba toda la historia del proyecto juvenil, las recriminaciones y las relaciones que claramente se percibían deterioradas. Sor Peggy no hizo comentarios, solo me escuchó. Su presencia paciente me calmó y finalmente me relajé.

La conversación se volvió hacia lo que estaba sucediendo en El Puente. Las hermanas habían decidido abrir una sucursal en California y Sor Margaret Snyder, que era colchera, se había mudado allí. Yo estaba aturdida.

¿Cómo podrían extenderse a California? Pero Sor Peggy rió y reiteró: "California, Missouri". Una creciente comunidad hispana se estaba formando en ese pequeño pueblo debido al abundante empleo en las fábricas locales. La tarde terminó y dimos por terminada la cena.

A la mañana siguiente visité al personal de El Puente. Cuando me iba, Sor Peggy salió y me llamó. "He pensado en lo que me dijiste anoche", dijo en voz queda, "y creo que deberías dejar de trabajar en el proyecto juvenil. El espíritu no está presente. Es muy posible que logren sus objetivos, pero nunca será todo lo que pudo haber sido porque la misión no es lo más central e importante. Por lo tanto, mejor dejarlo ir en vez de seguir adelante y destruir las relaciones". Me dio un suave abrazo y me dijo adiós con un gesto de la mano a medida que me alejaba.

Ese día, aprendí que hay muchos caminos a Emaús. Esa tarde, Sor Peggy había caminado conmigo.

Empacar maletas: respondiendo al llamado

La Fiesta de la Asunción es una festividad especial para nuestras hermanas, una fecha que conmemora la asuncion de María al cielo. En años pasados, era el día en que nuestras hermanas empacaban sus maletas y abrían la carta que indicaría en donde servirían el próximo año.

Cuando amanecía el día de la festividad, las hermanas de San Antonio se reunían en la capilla. Cada hermana tenía un puesto asignado en el orden en que había entrado. La sillería de roble tallada a mano daban a un pasillo central, lo que permitía a las hermanas orar juntas, por un lado y luego otro de la capilla orando en turnos, legado de los inicios monásticos de la orden. Escenas de la vida de Cristo consagradas en vitrales iluminan las paredes de la capilla. El altar enmarca un relieve de la Anunciación, donde otra mujer respondió a un llamado que pondría en marcha la Encarnación que llevaría a cientos de mujeres sentadas en esta capilla para responder al llamado continuo.

Cada 15 de agosto, cada hermana recibía una breve carta que comenzaba así, "El Verbo Encarnado te pide que..." y luego seguiría la tarea. Las hermanas se irían inmediatamente a esas asignaciones. A menudo, eran enviadas a una nueva ciudad sin tener idea de lo que estarían haciendo hasta que llegaran al convento. Les podría tocar enseñar primer grado o séptimo. La necesidad determinaba el trabajo. Me preguntaba cómo abrirían la carta. ¿Algunas hermanas habrán titubeado y otras rápidamente la rompían para abrirla? ¿Las hermanas más quisquillosas habrían llevado pequeñas tijeras de coser en uno de los bolsillos del hábito para cortar el sobre?

Responder al llamado de esa manera, ir a donde te envían, me parece algo completamente extraño. Dejar de lado tus propias preferencias, tu autonomía, y ponerte totalmente a disposición de una misión de manera tan intencional, y saber que estas decisiones aparentemente arbitrarias ocurrirán cada año por el resto de tu vida, es casi impensable. Dejar atrás a amigos y familiares, tal vez sin poder siquiera despedirse, sin mencionar que tendría que empacar todas mis pertenencias en un baúl negro... No sé si podría hacerlo. Pero las hermanas lo hicieron durante décadas.

Para algunas hermanas, inclusive su asignación original no fue de su elección. Tal como Sor Kathleen Coughlin me lo dijo:

Cuando entré, quería enseñar el primer grado porque amo a los niños pequeños y sabía que nunca tendría ninguno. Sin embargo, eso fue en un momento en que necesitaban enfermeras. Las Hermanas me dijeron: "Serás enfermera". Bueno, casi me muero. Lo último que quería era ser enfermera. Y esa fue una de las primeras maravillosas lecciones de vida: Suelta las riendas y entrégaselas a Dios. Luché contra eso, pero finalmente decidí: "Bueno, hay que esperar. Si te vas en 3 años, al menos te irás con una carrera". En aquellos días, nuestras hermanas en educación solo realizaban su servicio social en verano, y las hermanas que enseñaban tardaban mucho más en completar sus carreras que las enfermeras. Por lo tanto, suelta las riendas y entrégaselas a Dios. Siempre lo he hecho en todo mi trabajo ministerial y no he sido más que bendecida y enriquecida.

La carrera de enfermería de Sor Kathleen, originaria de St. Louis, la llevó a convertirse en la directora ejecutiva de uno de los hospitales más grandes de las Hermanas, el Hospital CHRISTUS Spohn en Corpus Christi. El cambio más reciente en su camino la ha llevado a la Universidad del Verbo Encarnado, donde convence a donantes que apoyen la misión de una universidad en crecimiento con su nueva escuela de medicina. El encanto que tiene, sus ojos brillantes y ese enfoque de precisión extrema para lograr que las personas se unan a la misión es algo que siempre está presente. Sé que habría aportado esos dones al salón de clases al igual que su sentido del humor, pero Dios tenía otros planes.

Hoy día, nuestras hermanas ya no reciben una carta en una banca de iglesia. Son socias en el discernimiento de su camino. Sin embargo, todavía hay ocasiones en las que se les pide que acepten asignaciones y trabajen en ministerios que podrían no ser de su elección. Sor Tere Maya reflexiona sobre el por qué las hermanas aceptan este llamado:

> *En la vida, te pones una meta. Imaginas tu futuro. En mi caso fue: "Enseñaré en algún lugar y con suerte escribiré un libro". Eso era mi máximo. Después de que entré en la Congregación, ya no se trataba de mis planes. Se trata de nuestros planes. Es un sueño colectivo que hacemos juntas.*
>
> *Los momentos decisivos para mí han sido cuando me pidieron que hiciera algo que ni siquiera podía imaginar hacer. Cosas que nunca había considerado como una posibilidad. O vivir en un lugar que tuve que buscar en un mapa primero. Esos han sido momentos decisivos porque me han permitido entender que no se trata de lo que haces, ni de dónde lo haces, ni de la descripción del trabajo que tienes. Se trata simplemente de formar parte de algo más grande.*

La cuerda y la cometa: ¿qué te está diciendo Dios?

Sor Mary Margaret Bright siempre me dice que ella es la cuerda y yo soy la cometa. Durante varios años, tuve la bendición de su presencia en la oficina. Siempre me referí a ella como la mujer sabia en residencia. Su singular cabello blanco y sus ojos azules claros se destacan en el contraste con los colores brillantes de ropa que suele llevar, llamativos tonos de turquesa y escarlata. Fueron innumerables las veces que entraba a su oficina con una idea nueva y me escuchaba con paciencia, luego se reía y me decía: "Ay Bridget, no sé cómo se te ocurren estas ideas, pero en cuanto descubras lo que vamos a hacer al respecto, será un gusto para mí trabajar para llevarlo a cabo. Yo soy la cuerda y tú eres la cometa".

Ella es prosa y yo soy poesía. Yo soy intuitiva. Ella es lógica y tiene doctorado en ciencias de computación, lo que fue muy útil para mí pues cada vez que creaba una hoja de cálculo, nunca eran correctas las cifras; todo un misterio que con frecuencia le pedíamos que resolviera. Al unir nuestras distintas partes, nos completamos. Juntas éramos cuerda y cometa. La cometa necesita la cuerda para no volar demasiado alto hacia la estratósfera, y la cuerda necesita a la cometa para poder llegar alto. La combinación perfecta.

Un consejo sabio que ella me dio se relaciona con la forma de buscar señales. En retrospectiva, me parece extraño, porque Sor Mary Margaret tiene raíces bien plantadas en la realidad, legado de su ascendencia alemana-estadounidense. Pero cuando me acercaba a ella porque sentía que había llegado a un callejón sin salida en un proyecto, o cuando algo o alguien me exasperaba, me escuchaba con paciencia. A veces me daba consejos o me ayudaba a resolver el problema. Pero en otras ocasiones, me miraba con seriedad y me decía: "¿Qué te está diciendo Dios?".

Mi pensamiento inmediato solía ser "¿A qué te refieres al preguntarme qué me está diciendo Dios? Esta es una situación urgente. Es frustrante. Lo que importa más es que necesito saber qué debo hacer en este momento".

A veces, sin embargo, la respuesta no llega de inmediato, y aunque aparezca una respuesta como destello de inspiración, podría ser equivocada. En ocasiones, el mejor enfoque es hacer el problema a un lado, tomarse tiempo para ser más objetiva y no actuar en el calor del momento. Preguntarme qué me está diciendo Dios significa examinar lo que me corresponde hacer ante esa situación o problema. ¿Cuál es mi papel en esta situación? ¿Podría jugar otro papel en el que pueda ser parte de la solución? Y aún más difícil de considerar, ¿qué he hecho que pudohaber causado esta situación o incluso que hayan empeorado las cosas?

Preguntar "¿Qué te está diciendo Dios?" es todo un reto.

Cuando Sor Mary Margaret se jubiló y se fue a San Antonio, la pregunta no era lo que Dios me estaba diciendo, sino lo que Dios le estaba diciendo a Sor Mary Margaret. El mensaje era claro: Era el momento de ir a la estación de autobuses. Era el momento de trabajar con los inmigrantes y los refugiados que llegaban a San Antonio desde la frontera:

Cuando las mujeres y los niños quedan en libertad de los centros de detención, la familia tiene que pagar una cantidad de dinero y si no lo hace, le ponen grilletes en los tobillos. Después su familia en Estados Unidos debe mandar un boleto de autobús o de avión, y los mandan a San Antonio. Muchos de ellos terminan en la estación de autobuses.

Un ministro presbiteriano que estudió en St. Louis fundó un grupo conocido como Interfaith Welcome Coalition. Definitivamente tiene carácter interreligioso. No sólo la integran presbiterianos, sino también hay luteranos, católicos y miembros de otras tradiciones religiosas. Un grupo de las iglesias prepara mochilas con alimentos, cepillos de dientes, una cobija pequeña ya que hace mucho frío en los autobuses, agua y libros de colorear y crayolas para los niños. Las familias, con raras excepciones, sólo vienen con dos bolsas de supermercado con sus pertenencias.

Yo les doy la mochila y un paquete con comida preparada por la organización Loaves and Fishes. Me gusta estar con los niños; les doy muñecas a las niñas y coches de juguete a los niños.

Ayudamos a las familias con sus boletos. Tenemos un mapa de Estados Unidos y les explicamos hacia dónde van a viajar y dónde tienen que cambiar de autobús.

Se sienten totalmente perdidos. Se puede ver que algunas de las mujeres tienen más preparación y que otras son de poblaciones pequeñas donde hablan sus idiomas originales; no hablan español. También han llegado familias de África y Brasil, y de vez en cuando llega una familia de Rumania. Les damos una hoja de papel que puede mostrarle a la gente cuando necesitan cambiar de autobús para que puedan ayudarles a encontrar el autobús adecuado. No hablo español, pero puedo ayudar un poco.

¿Qué pasa con ellos después? Tal vez se dirijan a la costa este o a la costa oeste. Algunos van a sitios tan lejanos como Boston. Al final, tendrán que presentarse ante el tribunal de inmigración para ver si se les otorga el estatus de refugiados. El sistema judicial está *tan saturado que pasarán dos o tres años antes de que se les reciba en una audiencia. Si una mujer llega al tribunal sola, si nadie la acompaña, la posibilidad de que reciba asilo es mínima, sobre todo sise tiene en cuenta que es posible que ni siquiera hable inglés. Hay abogados de inmigración que trabajan gratuitamente como voluntarios para beneficio del público, pero no hay suficientes.*

La próxima vez que estés en el aeropuerto, tal vez veas a una mujer con niños cargando bolsas verdes de las que se usan en el supermercado. Si eso sucede, no pases de largo. Detente y pregúntales si necesitan ayuda para localizar su siguiente avión. Imagínate lo que puede significar para estas mujeres que nunca han estado en un aeropuerto lleno de actividad, tratando de encontrar su puerta de embarque. ¿Puedes imaginarlo? Es un privilegio para mí poder ayudar a estas familias.

A veces, la cuerda impide que la cometa vuele demasiado alto. A veces, en realidad, es una cuerda de salvamento.

Buganvilia: encontrar el jardín

El trayecto que parte del aeropuerto en la Ciudad de México empieza con autopistas de tres niveles, después pasa por bulevares muy transitados y finalmente llega a la Alcaldía de San Ángel. Las tiendas de flores lanzan un arcoíris de capullos por las aceras a lo largo de la calle que recorre la colina en la que aparecen elegantes tiendas y residencias. El trayecto termina en un camino de piedra, empinado y angosto, flanqueado por muros de jardines, fachadas de concreto y puertas de cocheras que se elevan al borde de una acera muy angosta. Casa San Ángel tiene un diseño similar. La puerta de la cochera y la entrada a la casa están al borde de la calle y una buganvilia de vívido color fucsia se asoma por encima del alto muro.

El complejo es grande; es un convento tranquilo, tiene oficinas administrativas, salones para reuniones, salas para recibir visitas, una cochera, una capilla de gran tamaño y la casa de retiro. Un laberinto de corredores con ventanas conecta los edificios. Siempre que me hospedo ahí, me pierdo.

Después de que uno timbra el portón lo abren, se pasa al interior por una serie de escalones que te llevan a la entrada del edificio. Allí te encuentras en un área para recibir visitas con paneles de madera y brillante piso de losa, iluminado por la suave luz que se filtra a través de cristales traslúcidos. La sala de espera al cruzar las puertas está iluminada por una luz tan tenue y tan apacible que pareciera que alguien acaba de entrar, murmurando "Shhh". Hay un florero de rosas bajo un retrato de Cristo en su infancia, la imagen icónica del Verbo Encarnado, y también una pintura estilo colonial de María coronada con su Hijo en brazos, que cuelga detrás de un sillón antiguo.

Entre los edificios, y visible a través de las ventanas del corredor, hay un jardín de bello diseño. Por todas partes se ve inmaculados senderos de baldosa gris rodeados de agapantos color azul violeta, brillantes setos de flores que se conocen como "perritos", aves del paraíso de regio naranja y hortensias suntuosas. Los muros de color rosa pálido de los edificios quedan en segundo plano cuando uno escucha el canto de las aves y camina a la sombra de los árboles, coníferas, pequeños árboles frutales e higueras que se encuentran en los de césped perfectamente cuidados.

Suelo detenerme frente a un gran altar donde se encuentra una hermosa estatua de Nuestra Señora de

Guadalupe rodeada por una fuentecita de azulejos. La estatua está bajo la sombra de una cúpula de cemento cuyo interior está cubierto de un cielo nocturno lleno de estrellas. La buganvilia color fucsia que vi desde la calle se eleva por los edificios y los muros acompañada de enredaderas de flores color rosa y blanco. Cuando entré por la puerta del convento esa mañana, no tenía idea de que encontraría este hermoso jardín en el interior; un sitio perfecto para la oración y la reflexión.

Conocer a las hermanas de México es una invitación a otro jardín privado. La primera vez que viajé a México me impresionó la seriedad de la atención que las hermanas le dan a la misión y su cálida hospitalidad. En las reuniones internacionales, observé que las personas que veníamos de Estados Unidos presentábamos nuestras ideas con rapidez, llevando a cabo los pasos con una precisión extrema. Las hermanas mexicanas iban tejiendo sus pensamientos mediante un análisis de la realidad de la situación, unida a una reflexión teológica.

Por una parte, descubrí que eran más formales que las hermanas que conocía en Estados Unidos. Por otra parte, Sor María de Jesús Bringas Aguirre estuvo dispuesta a dejar todo a un lado para ir conmigo a la Basílica de Nuestra Señora de Guadalupe y los jardines flotantes de Xochimilco.

Cuando llegué a la Ciudad de México en una ocasión y me enteré de que la reunión se había cancelado, Sor Tere Maya pasó el día conmigo en una visita al Museo

Nacional de Antropología, explicándome con todo cuidado la historia de los pueblos del México prehispánico: los Olmecas, los Aztecas y otras culturas.

Otra tarde, varias de nosotras visitamos la Plaza de la Constitución el Día de la Independencia de México para ver los enormes adornos de luces verdes, blancas y rojas en los muros de los edificios gubernamentales. Al final fuimos a la plaza de los mariachis donde los grupos musicales tocaban ante las multitudes. Fue una visita muy ilustrativa y después de varios días de trabajo, nos relajamos y nos divertimos juntas.

El hecho de no poder hablar español dejó de ser una barrera. Al paso del tiempo, llegué a conocer a las hermanas a nivel individual, en calidad de personas con diferentes experiencias de vida, intereses y puntos de vista, y finalmente como buenas amigas a quienes amo.

Las relaciones no son instantáneas, sobre todo cuando uno tiene que dedicar tiempo para conocer la cultura de otras personas. Como las flores de un jardín, las amistades profundas necesitan nutrirse y necesitan tiempo para dar fruto. El jardín del patio de Casa San Ángel es el producto de años de cuidado y es un jardín del que todas disfrutamos.

Sor María Luisa Vélez es una de mis buenas amigas.

Conocí a Sor María Luisa cuando ambas estuvimos en el Generalato en San Antonio. Las habitaciones son pequeñas, y bajé a la sala de la comunidad. Ahí la encontré ordenando los artículos de un costurero y unos hilos.

Me habló del centro de atención diurna para niños que ella estableció en una zona de bajos recursos de la Ciudad de México. La gente del área de Santa Fe acogió el centro, y cuando yo lo visité varios años después, era un punto clave en el vecindario.

Sor María Luisa ha trabajado en los colegios, en la comunidad entre personas necesitadas y en el área de desarrollo. Tiene el cabello canoso corto en un estilo sencillo. Sonríe con facilidad, y sus ojos color café reflejan bondad. Su amor por la misión también la impulsó al prestar servicio en el liderazgo de la Congregación cuando las hermanas consideraban nuevos caminos después del Concilio Vaticano II. Un día, durante el almuerzo en Casa San Ángel, me compartió su historia:

> *Soy de una familia grande de diez... cuatro hermanos y cinco hermanas. El camión del colegio pasó por la casa de mis padres a lo largo de 33 años. Yo siempre quise trabajar con los pobres, y cuando terminé mis estudios, trabajé en una escuela que tenían las Hermanas en la Ciudad de México, el Colegio Claudio María Dubuis, que prestaba servicio a familias de bajos recursos. Llegué a ser su directora laica a los 18 años de edad.*
>
> *Siempre había pensado casarme, y cuando decidí entrar al convento, mi familia se molestó bastante. No querían que entrara a la Congregación; mi papá, mi mamá, mis hermanos, mis hermanas, nadie quería que entrara a la Congregación. Me decían "Ese no es*

tu lugar", pero yo sabía que sí lo era porque cuando les pregunté a las hermanas, "¿Trabajan ustedes con los pobres? Me respondieron: "Sí, trabajamos con los pobres". Y eso fue suficiente para mí.

Fui parte del último grupo en México que vistió el hábito formal, y luego cambiamos a un hábito modificado. Los tiempos habían cambiado y yo quería trabajar directamente con los pobres en lugar de trabajar en uno de nuestros colegios.

Sin embargo, la hermana que tenía el puesto de Superiora Provincial me dijo: "Usted debe ir a donde se le mande", así que fui al colegio de Tampico, México. Tampico está en una bahía de clima cálido y húmedo, y varios meses después hubo un huracán y tuvimos que construir un colegio nuevo. En esa época, la Provincia cambiaba a las hermanas nuevas a diferentes lugares para ver si teníamos una verdadera vocación, así que a la mitad del año escolar me enviaron al Instituto Miguel Ángel, pero sólo estuve ahí un año. Después fui a Chihuahua. Pensé que iba a dar clases y pensé: "Dios mío, ¿por qué me cambian tanto? Tal vez no hago bien mi trabajo". No podía decir nada porque en esos tiempos no se nos permitía cuestionar las decisiones que se tomaban. Al final del año escolar, las hermanas me dijeron que me iban a mandar a estudiar formación, y fue entonces cuando finalmente hablé. En realidad, yo quería ser maestra, y estuvieron de acuerdo.

Estudié la maestría durante los veranos después de trabajar como maestra durante el año escolar, y siete años después terminé mi maestría en Educación. Entonces me pidieron que fuera directora del Instituto Miguel Ángel. Teníamos 2,400 estudiantes. Yo estaba contenta ahí y cuando me eligieron para un puesto de liderazgo de la Provincia, asumí la responsabilidad de todos nuestros colegios.

El periodo en que Sor María Luisa estuvo en un puesto de liderazgo correspondió con un periodo de transición que incluyó elecciones difíciles:

Cuando entré al liderazgo, empezamos a ver un cambio, pues algunas de nuestras hermanas expresaron su punto de vista y dijeron que querían trabajar en la pastoral popular, es decir, querían trabajar con los pobres en sus comunidades.

Entonces nos remontamos al pasado y estudiamos a nuestros fundadores, el Obispo Dubuis y las primeras hermanas. Un grupo de aproximadamente 40 hermanas profundizamos en nuestra historia y nuestra espiritualidad. Hicimos un análisis profundo de nuestro carisma y empezamos a escribir y a hablar sobre su verdadero significado.

Después, tuvimos nuestra primera asamblea comoCongregación. El Concilio Vaticano II definitivamente nos estaba afectando. Muchas hermanas se salieron de la Congregación. Sentían que no nos estábamos moviendo con suficiente rapidez para hacer lo que pedía el Concilio Vaticano II. Otras salieron porque sentían que la Congregación ya no era la misma congregación a la que ellas habían entrado. Decían que no podían apoyar la nueva dirección, y preferían salir. Esto sucedió en México, en San Antonio y en St. Louis.

Entonces empecé a estudiar la teología de la liberación. Todos mis compañeros de clase tenían esa perspectiva, y había muchas ideas nuevas sobre la teología de la liberación y la revelación. No fue fácil llevar esas ideas a la Congregación porque en ese entonces éramos muy conservadoras.

Después de tres años en el liderazgo provincial, en la reunión del Capítulo de toda la Congregación, S. Neomi Hayes me dijo: "Luisa, más vale que te prepares pues es posible que te elijan para el Consejo General de la Congregación". En ese entonces, las elecciones eran absolutamente secretas, y de repente ya estaba yo en el Generalato. Solo tenía 38 años de edad.

Sor Neomi y Sor Dot Ettling también estaban en el equipo y yo tenía una relación muy cercana a ellas. Este fue el Décimo Noveno Capítulo, y las cosas estaban cambiando. Antes, solo había una hermana de México en el Consejo General, y era responsable de los asuntos relacionados con México. Si el Capítulo discutía una situación relacionada con la Provincia de San Antonio o la Provincia de St. Louis, la hermana de

México no participaba en esa reunión. Se le excluía a propósito, aunque el Consejo completo participaba en las reuniones respecto a México.

Cuando me eligieron les dije: "Si mi papel va a ser como el papel de las consejeras de México en el pasado, no voy a aceptar. quiero ser un miembro pleno del Generalato". Era un concepto nuevo, y estuvieron de acuerdo.

Vivir en San Antonio fue difícil. En ese entonces, yo no sabía mucho inglés. No quería confiar en una traductora. Las hermanas ya tenían su propia vida allá, y yo me sentía sola. Los fines de semana eran difíciles. Recuerdo que una hermana me veía y decía: "¡Hola, chiquita!, y yo le dije: "Hermana, no soy una chiquita. Tengo un nombre. Me llamo María Luisa. Y las hermanas de México no son Chiquitas. Cada una de nosotras tiene su nombre". Muchas veces tuve que enfrentar este tipo de cosas, y le decía a Sor Dot: "No es justo". Ella estaba de acuerdo: "No solo no es justo, pero tenemos que hablar de ello. Hablemos".

El primer año fue difícil. El segundo fue mejor, y luego, el tercer año, fui feliz. Sor Neomi y Sor Dot me ayudaron mucho. Nuestra amistad profundizó. Me dieron la libertad de ser la persona que yo quería ser en la Congregación. El ministerio de pastoral popular empezó a crecer en México. Yo empecé a trabajar en la formación de las Hermanas, los sacerdotes y los hermanos hispanos. Los animábamos a reconocer y a apreciar su identidad, a estar orgullosos de su cultura.

Ayudé a formar nuestro programa de misioneros laicos. Empezamos con dos de Irlanda, dos misioneras de Estados Unidos y una de México. Todos trabajaron con los pobres, en el Estado de Oaxaca.

Después de su periodo en el liderazgo, Sor María Luisa pudo dedicarse al trabajo que amaba, servir a los pobres.

Cuando terminé, trabajé por medio del Vaticano y pude trabajar en muchos países de América Latina como parte de Pastoral Popular. Estuve en lugares de Brasil, Bolivia, Chile, Perú y Colombia. Cuando regresé a México, el obispo me pidió que trabajara con los pobres en la Ciudad de México; lo hice durante 14 años. Trabajábamos con la gente en Santa Fe.

Me di cuenta de que las madres de familia no tenían a nadie que se encargara de sus hijos mientras ellas se iban a trabajar. Dejar a los niños en casa era peligroso, así que le pregunté a la gente: "Veo esta necesidad, pero ustedes ¿qué opinan?".

Entregamos un cuestionario a más de 1,500 personas y estuvieron de acuerdo. Comenzamos con un centro para 50 niños, pero un día se presentó la oportunidad de adquirir un edificio más grande que respondía perfectamente a nuestras necesidades. La madrina de una de las mujeres estaba vendiendo su casa. Todavía no sé cómo conseguimos el dinero.

Compramos la casa, la reparamos y ahora tenemos ahí el centro para los niños.

Para mí, todo se resume en servir a los pobres. En la comunidad de Santa Fe trabajé con personas muy pobres; drogadictos, alcohólicos, y jovencitas que ya eran madres. Las cosas son muy difíciles para estas personas y la gente espera que dejen de estar en las calles y que cambien. Les dije: "¿Dónde quieren que vayan? No pueden pagar un lugar donde vivir. No tienen nada."

Necesitamos llegar a los pobres. Necesitamos ser incluyentes e involucrarlos en nuestras decisiones; necesitamos conseguir los recursos que ellos necesitan y caminar con ellos. Nosotras, como hermanas, teníamos que volver a nuestras raíces. Y eso es lo que las hermanas mexicanas han aportado a la Congregación a través de la pastoral popular. La opción preferencial por los pobres, el énfasis en la paz y la justicia, son un llamado del Concilio Vaticano II, pero también están profundamente presentes en nuestras raíces.

Chiapas: Cómo estás en el Corazón

Hace varios años viajé a Chiapas, México con las hermanas en un viaje de inserción para visitar el ministerio, Nich Llum Café. Aterrizamos en Villa Hermosa en la oscuridad de la noche y viajamos al corazón de la ciudad, donde a los bares de la calle de nuestro pequeño motel parecían no faltarles clientes, por el ruido que se oía. A la mañana siguiente viajamos en autobús cruzando el aire claro de las montañas de Chiapas.

Era mi primer viaje a Chiapas. Las verdes colinas albergan ruinas Mayas y nuestra base de operaciones era una plantación de café, propiedad de indígenas del pueblo Ch'ol. Las hermanas han sido socias de Nich Klum Café a lo largo de varias décadas y han trabajado con los indígenas para desarrollar una empresa cafetalera a nivel internacional. En el transcurso de esa semana, aprendí la técnica del cultivo de café orgánico a partir de plantas jóvenes que germinan en el invernadero y maduran en los campos de sembradío. Las hermanas y los trabajadores han fundado una cooperativa para comercializar el café que se cultiva en las fértiles tierras de los indígenas ubicadas en las montañas. El mejor café se exporta a Europa, el de segunda categoría se envía a Estados Unidos y el resto se queda en México.

Nuestras hermanas trabajan mano en mano con la gente en un ministerio dentro de lo que se conoce como pastoral popular, prestando servicio en respuesta a las necesidades de las personas y a la par, son una presencia integrada a la comunidad. La sede de Nich Klum Café y el convento comparten los mismos edificios. Las hermanas asesoran a los indígenas en sus negocios y quienes trabajan en la cooperativa del café confian mucho en ellas y han cultivado con ellas una cordial amistad.

Gregorio fue mi guía. Era un hombre de cuarenta y pico años, corpulento y de tez morena, miembro del pueblo Ch'ol. Él habla cuatro idiomas, yo hablo uno. Nos reuníamos todos los días a la hora del desayuno. Me llevó a visitar el invernadero de café y me explicó el procedimiento cuidadoso a través del cual los cafetaleros alimentan las plantas de café en las terrazas de las montañas y cómo se desarrollaron protocolos para garantizar que las técnicas de cultivo del café fueran orgánicas.

Las comidas se servían en un comedor pequeño que estaba en un edificio construido en la década de los años 50 con bloques de cemento y estuco. Sus ventanas, cubiertas con persianas, daban a un patio de plantas y flores tropicales. En el desayuno servían platos hondos de frijoles negros, fruta fresca, pastelitos Bimbo envueltos en celofán y café caliente.

La primera mañana que estuve ahí me regalaron un mango. Con torpeza, intenté rebanarlo en un plato hondo. A Gregorio le costó mucho trabajo no reírse de mí. Finalmente, él y varias de las hermanas soltaron una carcajada. Levantaron sus mangos, los clavaron en los tenedores diseñados para ello, y se veían casi como paletas de mango. Empezaron a pelarlos y rebanarlos con elegancia. Yo también me reí e hice lo que ellos hacían, aunque de manera menos elegante.

El tema de conversación cambió y empezamos a describir cuál había sido la peor comida que hubiéramos experimentado La mía constaba de unas salchichas de origen desconocido en la ciudad de Colonia, en Alemania. La de Gregorio fue en un McDonald's en Barcelona. Sentí humildad al darme cuenta de que no sólo hablaba cuatro idiomas, sino que también era el director de mercadotecnia de Nich Klum y que con frecuencia viajaba a Europa, el mercado más lucrativo para la empresa. Supe que, al igual que yo, él tenía dos hijas. Sus hijas estaban en la universidad, las mías eran más jóvenes. Su esposa era del pueblo Tikal. Mi pareja era estadounidense de origen irlandés.

Me habló de su aldea en lo alto de las montañas y me dijo que la visitaba todos los fines de semana. Me contó cómo habían reconstruido sus casas en tres ocasiones, primero con varas, luego con adobe y finalmente con bloques de cemento. Pensé en mi acogedor búngalo donde trabajo en mis proyectos de arte y en manualidades, muy cerca de los peñascos del río Mississippi. Pero a pesar de la diferencia en las circunstancias que rodeaban nuestras vidas, en lo esencial teníamos mucho en común. Ambos estábamos orgullosos de nuestras hijas y teníamos sueños relacionados con su futuro. Podíamos reírnos de los mangos y no nos gustaba McDonald's.

Al inicio de cada día, su saludo no se traduce como "¿Cómo estás?" sino algo parecido a "¿Cómo estás en el corazón?"

Me impactó el contraste entre el saludo típico en Estados Unidos, donde la gente dice, "¿Cómo estás?". La respuesta que se espera es "bien" o tal vez "okay". Es una pregunta superficial. Las conversaciones terminan con un "Que tengas buen día".

Las hermanas que están en Chiapas son mujeres con habilidades administrativas extraordinarias. En diferentes momentos de su vida han prestado servicios en el liderazgo de la congregación en la Ciudad de México o han sido maestras en los colegios de las Hermanas en todo México. Eligieron dejar atrás las comodidades de estos puestos y vivir con sencillez entre la gente de Chiapas. Eligieron un lugar donde todos los días se pregunta: "¿Cómo estás en el corazón?", pregunta que nos conduce a una relación.

Como aprendí de nuestras hermanas, una relación no es sólo dónde encontramos vínculos en común, sino una visión mundial; es la realidad donde habita Dios. Varias Hermanas del Verbo Encarnado han encontrado esta realidad con la gente de Chiapas y mientras estuve con ellas en Nich Klum Café, también encontré a Dios en las conversaciones diarias con Gregorio, mi guía.

Compartir la mesa:
crear pequeñas comunidades de amor

Antes del Vaticano II, nuestras hermanas vivían en conventos, algunos de los cuales podían alojar a más de 100 hermanas. Durante las últimas décadas eso ha cambiado por varios motivos. Vivir en grupos más pequeños condujo a un mayor sentido de comunidad. Algunas veces convenía más vivir más cerca del trabajo. Las parroquias querían reutilizar los conventos para responder a otras necesidades, como agregar un centro pre escolar, un centro de aprendizaje o añadir aulas de clases. La visión de Sor Cathy Vetter era vivir en un vecindario y estar con las personas.

Sor Cathy fue una de las primeras hermanas que conocí cuando vine a la fundación. Brinda su espíritu creativo y un entusiasmo vital a su trabajo. Es vivaz, de cabello corto sal y pimienta y una sonrisa entusiasta. Ama a la gente, el color púrpura, los copos de nieve, el río Osage y cultiva fabulosos tomates.

Creía firmemente que las hermanas debían establecer una presencia en el sur de St. Louis. Encontró su primera casa de vecindario en la parroquia St. Pius X en South Grand, en las márgenes de un vecindario de restaurantes étnicos y pequeñas tiendas. Es un vecindario en transición que acoge a inmigrantes. Sor Cathy me compartió su opinión sobre la importancia de compartir la mesa con los vecinos.

No soy bilingüe, pero dirijo con mi corazón y amo a la gente, eso es lo que Dios nos llama a hacer. Escucho al Papa Francisco decir: "Lo que deben ser como mujeres religiosas es ser personas de alegría, personas de amor". Cuando Sor Mary Henry, Sor Jean Durel y yo encontramos la casa en McKean, éramos conscientes de querer estar entre los inmigrantes. Queríamos intentar ser una presencia estable y acogedora en un vecindario.

Sor Feliciana Mejia me dijo hace años que, si visualizas algo, sucederá. Cuando nos mudamos al vecindario, mi visión era que el día llegaría que yo hornearía pan, los vecinos percibirían el aroma y vendrían a la puerta. Nos sentaríamos en el porche a comer pan caliente. Esa era mi visión. Y eso es lo que sucedió. Horneé pan. Los vecinos justo al lado este, eran etíopes. Tenían un niño pequeño, Samuel, su gemelo y una bebé. Así que los gemelos estaban afuera

Compartir la mesa: crear pequeñas comunidades de amor

esperando esa mañana y su mamá cargaba a la bebé. Salí y tenía dos fresas en mi mano.

Justo cuando crucé la puerta, los niños empezaron a llamarme, "¡Cathy! ¡Cathy!" y luego bajé las escaleras y nos abrazamos. Platicamos. Eran mis vecinos y mis amigos. De eso se trata, de platicar con los demás y tener una relación. Aunque trabajo en una parroquia grande en los suburbios, mi vida es distinta porque cuando vuelvo a casa, llego a la diversidad.

La familia que vivía al otro lado de nuestra casa, la familia Ahmadi, son de Afganistán. Conocí a la Sra. Ahmadi y aunque no podemos compartir muchas palabras me acerco a ellos con el corazón. Sonrío, los saludo y los niños sonríen, me saludan de vuelta y dicen "hola". Amo a estas personas y me sentaba en la casa pensando en sus rostros y oraba por ellos. Aquí construimos una comunidad.

Esa comunidad continuó creciendo. Dos parejas jóvenes compraron casas del otro lado de la calle. Cortan mi pasto y lo cuidan. Nuestro patio trasero se convirtió en jardín de la comunidad. Una mañana estaba hablando con mi vecina etíope y dijo: "Están limpiando tu aldea. Están cuidando tu aldea". Y respondí: "Sí, eso hacen. Todos somos parte de la aldea y ellos están ayudando. Están cuidando nuestra aldea». Es una imagen maravillosa y cuando dijo eso, dijo: «Ellos están cuidando tu aldea» y no dijo «tu patio», porque en esa cuadra nos convertimos en una pequeña aldea.

Una noche, tres de los jóvenes de la casa de enfrente se reunieron para cenar con nosotras porque yo tenía una gran olla de sopa. Repetían: "Bueno, ahora somos una comunidad" y dije "Sí, ahora somosuna comunidad" y eso somos. Esto es lo que se requiere para que nuestro mundo sea un lugar más pequeño. De estas cuatro personas, sé que al menos tres de ellos ya han pasado tiempo en otros países, trabajando de manera voluntaria, y esa es su esencia. Su esencia abarca un panorama más amplio, la comunidad.

Por eso entré a la vida religiosa, para la comunidad. No importa lo que esté haciendo, se trata de comunidad. Mi relación con Dios se alimenta en esta comunidad, aquí con los jóvenes, los refugiados, los inmigrantes, la riqueza multicultural de la parroquia de St. Pius X. Dios es el amor entre nosotros. Si se reúnen dos o tres, es la esencia de Dios la que crea la comunidad entre nosotros. La gente tiene hambre de eso en su corazón, de eso se trata esa hambre. No siempre se le puede dar nombre.

Cuando nos podemos sentar alrededor de esta habitación y hablar acerca de algunas de estas cosas, me entusiasma la idea de disfrutar de más comidas comunitarias y hacer jardinería con ellos y tener conversaciones acerca de: "¿Qué significa eso para ti?

Compartir la mesa: crear pequeñas comunidades de amor

¿Qué es el hambre que te llama a la comunidad?" Es lainterrelación, no sólo de nuestra tierra sino de nuestro cosmos, todo eso.

Para Sor Cathy, la Encarnación y el ministerio de su presencia para las personas en la comunidad se trata del amor.

Mi tía, Sor Carina, era una Hermana de Loretto. Al final de su vida, cuando tenía 94 años, la llamaba y ella decía: "Es amor, amor, amor. Te amo. Quiero que sepas que te amo. Todo se trata del amor." Durante los últimos días de su vida, eso es lo que ella sabía. Quiero aprenderlo antes de los últimos días de mi vida, porque realmente creo que de eso se trata. Aprender a estar en una relación y las habilidades de estar en relación también algunas veces son difíciles de aprender. Pero en eso nos debemos enfocar, eso es lo que Jesús hizo y eso es lo que hace el Papa Francisco.

Debemos cambiar la manera en la que hacemos las cosas. Debemos crear pequeñas comunidades de amor y compartir la mesa. Eso es lo que Jesús hizo, compartir la mesa. Ahora lo llamamos Eucaristía y eso es lo que debemos hacer con nuestros amigos y con nuestros vecinos que se convierten en nuestros nuevos amigos. Eso nos alimentará. Cuando nos alimentamos de esta manera, entonces tenemos algo que dar. Si no se me alimenta de esa manera, entonces no tengo nada que dar. Es muy importante y la gente tiene hambre de eso.

Sor Cathy ahora está construyendo otra pequeña comunidad en la casa del noviciado, no muy lejos de la casa en McKean. Con una nueva comunidad de hermanas, está construyendo canteros elevados para otro jardín comunitario. Van conociendo nuevos vecinos y dándoles la bienvenida a viejos amigos para compartir la mesa y construir otra comunidad de amor.

Visita a la Zona de Gruene: encontrar plenitud en las relaciones

Sor Cindy Stacy es nativa de Texas y su sabiduría brota de la belleza seca de la zona montañosa donde las flores color violeta que se conocen como *blue bonnets* sorprenden a los visitantes durante su breve tiempo de florecimiento. Es un mundo de edificios sólidos de piedra caliza construidos por inmigrantes alemanes; mundo de nogales, lagartijas y matorrales. Cuando conocí a Sor Cindy, me impactó la tranquilidad que la rodeaba. Dirige su atención de manera enfocada y decidida. Reflexiona antes de hablar, pero cuando se expresa, lo hace con completa seguridad.

Recibió formación de trabajadora social y trabajó en Casa de la Visitación ayudando a mujeres jóvenes y a sus hijos a vivir un periodo de transición y pasar de ser personas sin hogar a ser personas autosuficientes. Las primeras familias que llegaron, vivían con Sor Cindy,

Sor Yolanda Tarango y Sor Leticia de Jesús Rodríguez Hernández, en la casa de las hermanas, una casa blanca grande con una veranda amplia de dos pisos cuyo sostén son enormes pilares redondos.

Lo que antes había sido un hogar amplio diseñado para familias de elite en San Antonio, ahora alberga un grupo de mujeres que, acompañados por sus hijos, forjan una vida independiente con la ayuda de las hermanas quienes literalmente abrieron las puertas de su casa a estas familias que viven al otro extremo del mismo corredor. Lo que antes había sido la sala de estar, se convirtió en una sala de juegos, y otra habitación de la planta baja se usa para dar clases. En la noche, todos comparten la cena en el amplio comedor. Las cosas que la gente ha donado crean una atmósfera hogareña.

Siempre que iba a San Antonio, trataba de ponerme en contacto con las hermanas de la Casa de la Visitación. Por lo general nos reuníamos a cenar en un restaurante modesto. En una ocasión, Sor Yolanda y yo nos las arreglamos para cenar con menos de diez dólares en un lugar donde servían hotcakes, y siempre hacíamos bromas al respecto. En otras ocasiones, si había una familia nueva en la casa, simplemente pedíamos pizzas, nos sentábamos en la enorme mesa de estilo victoriano del comedor y después nos relajábamos en la sala de la comunidad.

A Sor Cindy le gusta ir de pesca, actividad muy adecuada a su manera de ser. Exige silencio, concentración y paciencia, cualidades que yo no poseo. En

Visita a la Zona de Gruene: encontrar plenitud en las relaciones

una tarde calurosa, Sor Cindy y yo fuimos al río Guadalupe. Mientras ella pescaba, yo ponía los pies descalzos en el agua mientras tejía. Ella pescó varios peces luna y los admiré antes de que ella los dejara libres. Era una tarde muy hermosa. No hablamos mucho, solo nos relajamos en la tranquilidad de estar muy cerca de una amiga.

Esa noche fuimos a Gruene, ciudad de la zona montañosa de Texas. La antigua ciudad del molino había evolucionado y era un lugar donde se reunían músicos. Había pabellones al aire libre y restaurantes que competían por atraer a los turistas. Fuimos a un restaurante que estaba en el antiguo molino con vista hacia el Río Guadalupe. Nos sentamos en un balcón muy por encima de las aguas que murmuraban; el aire se sentía ligeramente frío.

Mi esposo y yo estábamos en proceso de adaptarnos a un nido vacío. Nuestras dos hijas eran mayores y probablemente no regresarían a casa. Ya no habría mochilas con libros cerca de la puerta ni escucharíamos por las mañanas los pasos rápidos por las viejas escaleras de roble. Sentíamos un vacío.

Mi respuesta fue involucrarme en actividades intensas: participar en un nuevo club de lectura, en un nuevo comité en la parroquia, asumir un puesto nuevo, conseguir más platos y jarras para los anaqueles del estudio que ya estaban llenos. Yo estaba muy ocupada, pero no lo suficiente para no extrañar terriblemente a las chicas.

Cuando describí las diversas formas en las que pensaba llenar mi tiempo, Sor Cindy se veía cada vez más desconcertada. Una leve sonrisa vibró en su rostro y fruncía el ceño alrededor de sus suaves ojos color gris al sacudir la cabeza.

Entonces me explicó por qué lo que yo estaba haciendo no me iba a funcionar. Todas las formas que yo estaba encontrando para pasar el tiempo distaban de lograr mi objetivo. Aunque a primera vista las actividades de mi vida diaria habían cambiado cuando las chicas se fueron, en realidad yo necesitaba un cambio más profundo que tenía que ver con mis relaciones. Acumular actividades no respondía a ese cambio más fundamental. Sor Cindy me dijo que esa era la esencia del problema.

Su recomendación se concentró exclusivamente en la necesidad de relaciones. Encontrar formas de ocupar el tiempo no era la respuesta. En todo caso, el hecho de intensificar la actividad solo resaltaba la insatisfacción y el vacío que yo sentía. Además, era un camino fácil, ya que buscar relaciones más profundas es un reto y exige que uno se mantenga en contacto con su ser interior y con el ser interior de los demás. De hecho, la necesidad que se siente no es superficial, es profunda, y la respuesta es profundizar el tiempo que uno dedica a responderle a esa necesidad.

Con su actitud tranquila, Sor Cindy describió otro sendero que incluía dedicar más tiempo a las personas que realmente son importantes, miembros de la familia y amigos cercanos. La respuesta es profundizar esas relaciones. Su sabiduría se basa en la vivencia de la espiritualidad de las hermanas, que nos dice que Dios está entre nosotros y está presente en nuestras relaciones con los demás. Siempre que siento la tentación de involucrarme en otra actividad, recuerdo esa tarde tranquila en el río Guadalupe con una mujer que pescaba y admiraba la belleza traslúcida de un pez luna que colgaba de su anzuelo antes de volverlo a liberar en la corriente del río. De manera similar, yo también me dejo llevar por el amor que se siente gracias a una profunda amistad.

La gracia asombrosa: el viaje comienza con una bendición

En respuesta al milenio, las Hermanas decidieron iniciar una nueva misión. Pasaron bastante tiempo discerniendo a dónde ir y finalmente se redujo a dos posibilidades: Haití o Zambia. Ambos países se encuentran entre los más económicamente empobrecidos del mundo. El obispo Claudio Dubuis le había escrito en 1866 a la Rev. Madre Angelique Hiver que preparara a las hermanas para responder a las epidemias de cólera en Texas. Al llegar el nuevo milenio, el obispo Paul Duffy, Oblato de María Inmaculada de San Antonio que está en Zambia, invitó a las hermanas a Mongu para trabajar en su nueva diócesis con mujeres y niños que padecen de VIH/SIDA. Tras meses de discernimiento, las Hermanas determinaron que debían ir y servir a las familias que requerían su atención.

Las Hermanas iniciaron una relación con unas Hermanas de la Santa Cruz alemanas que habían servido en Mongu durante décadas e iban a quedarse con ellas, en las afueras de Mongu.

Después de unos cuantos años, también recibí una invitación. *Women's Global Connection* (WGC, por sus siglas en inglés), el ministerio de nuestras Hermanas para empoderar a las mujeres, iba a enviar a un grupo a Mongu y me invitaron a acompañarles para brindar educación sobre microcréditos. Nunca había ido a África y me emocionaba mucho hacerlo. Tampoco sabía mucho acerca de los microcréditos, salvo por lo que había leído en el libro de Muhammad Yunus acerca del Banco Grameen, pero con entusiasmo preparé un PowerPoint e imprimí folletos. Mi objetivo era establecer un grupo de microcréditos con las mujeres de la tribu Lozi.

Nuestro contingente era pequeño, tres mujeres de San Antonio y yo. Sor Dot Ettling era nuestra líder. Me había quedado con ella y Sor Neomi muchas veces en San Antonio y su entusiasmo era contagioso. Sor Dot tenía poco más de 70 años y era una de las visionarias de la Congregación. Al mismo tiempo de ser profesora de tiempo completo en el programa de doctorado de la Universidad del Verbo Encarnado, también dirigía el WGC. Su entusiasmo era extraordinario y cuando estaba con ella me creía capaz de hacer cualquier cosa.

Conforme se acercaba el momento de nuestra partida, comencé a tener mis dudas. Fui a vacunarme y mi esposo comenzó a murmurar sobre las enfermedades misteriosas que se transmitían a través de mordidas de mono. Comencé a recolectar paquetes de atún envasados al vacío y bocadillos de queso y galletas Ritz, todo envuelto individualmente en caso de que la comida fuera problemática. Me preocupaba que el viaje fuera deprimente y luché con la idea de que sería turista de la pobreza. Me di cuenta de que realmente no sabía ni lo más fundamental sobre los microcréditos. Finalmente llegué a la conclusión de que el mejor escenario posible sería planear el viaje, no ir y luego fingir que sí había sucedido y que fue una experiencia transformadora que había disfrutado profundamente.

Fui a San Antonio poco antes de que ocurriera el viaje a Zambia. Iba caminando por el atrio de la casa de jubilación de las hermanas y allí estaba Sor Grace O'Meara, una mujercita encantadora con voluntad de hierro y acento irlandés. Era encantadora y obstinada al mismo tiempo. Con Sor Grace, me había dado cuenta que fácilmente podrías terminar accediendo a todo tipo de cosas y luego preguntarse que cómo había sido posible.

Sor Grace había pasado décadas en Perú como misionera y luego siguió con Zambia. Ser misionera estaba en sus huesos y aunque estaba en San Antonio recuperándose de una enfermedad y tenía más de 70 años, estaba contando los días para poder volver.

Le dije que iría a Mongu en unas semanas y se emocionó mucho. Me contó acerca del trabajo que estaba haciendo en un centro preescolar y lo maravillosos que eran los niños. Las familias en Mongu hacían grandes sacrificios para enviar a sus hijos a la escuela y un obstáculo es la falta de pantalones cortos del uniforme escolar. Pensé en todos los niños de escuelas católicas en St. Louis y el exceso de pantalones cortos de uniforme en cada armario y Grace rápidamente aprovechó la idea de que yo pudiera usar mis dos maletas para llevar 45 kilos de pantalones cortos de uniforme a Mongu. Era un viaje de ocho horas en coche desde Lusaka y ningún servicio de paquetería lleva mercancías ahí. Un mundo sin FEDEX. Nunca se me había ocurrido que existían lugares en el mundo donde era imposible enviar paquetes. Recolectar los pantalones cortos sería sencillo. Podía anunciarlo a las escuelas católicas en St. Louis.

Sabía que Sor Dot no estaría a favor de esto. Ella creía firmemente que regalar cosas a las mujeres en Zambia crearía una dinámica de poder desigual y sería condescendiente. Nos había advertido a todas las participantes del viaje que no trajéramos cosas para regalar.

Al hablar con Sor Grace, comencé a ver las cosas de distinta manera. Los pantalones cortos no serían de mi parte. Sor Grace distribuiría los pantalones cortos como parte de su trabajo en la escuela. Los pantalones cortos no serían de segunda mano, sino entregados como parte de los útiles escolares. Siendo madre yo misma, sabía que, si mis hijas necesitaran uniformes para asistir a la escuela, no me importaría en dónde fueran fabricados ni cómo llegaron a nosotros, sólo querría que mis hijas tuvieran lo que necesitan. Sor Grace y yo finalizamos nuestro plan. Aunque las hermanas estaban preocupadas por la salud de Sor Grace, ella estaba decidida a volver a Mongu y distribuiría los pantalones cortos según fuera necesario a las familias en su escuela y otras en Mongu.

Teresa de Ávila dijo, "Continúa la sensación de que Dios también está en el viaje." Cuando concluimos nuestra reunión espontánea, Sor Grace colocó sobre mí sus manos y me bendijo para el viaje a Zambia. Sentí que no estaría sola en mi viaje a Mongu. Sor Grace se aseguró de ello. Me dio más que una bendición espiritual en sus manos. También me dio el regalo de poder ayudar de una manera muy pequeña. Me dio el regalo de su alegría al servir a los demás, una alegría que se sobrepuso a las dificultades y el miedo, y llegó justo a las personas quienes, a su vez, dieron amor y alegría. Me regaló una gracia asombrosa.

Bailando el círculo: las mujeres de Mongu

En el viaje de 18 horas a Zambia, caminé por el pasillo del avión mientras volamos sobre aguas oscuras y traté de no asustarme. Normalmente, volar es relajante, pero de repente me di cuenta de que no sólo no tenía ninguna experiencia con el tema de los microcréditos que estaría enseñando en Mongu, sino que también estaba a miles de pies sobre el medio del Atlántico sin tierra a la vista durante horas. ¿De qué serviría mi mochila de supervivencia con barras de proteína y galletas de queso si nunca llegábamos a África?

Regresé a mi asiento, saqué un libro y me controlé. Aterrizamos en Johannesburgo donde me metí en un lío con los guardias de seguridad que revisaban mi bolso de mano y sacaban las baterías que traía para las hermanas tan rápido como yo volvía a meterlas. Cuando llegamos a Lusaka, recogí mis dos maletas documentadas con 45 kilos de pantalones cortos de uniforme y bolsas de plástico llenas de bolígrafos y marcadores para la escuela de Sor Grace. Al llegar, nos dimos cuenta de que no teníamos la información de contacto de Sor Dot, pero afortunadamente ella estaba ahí saludándonos desde la puerta vestida con una falda larga de color turquesa y una blusa blanca.

Dormimos profundamente en Lusaka y al día siguiente partimos en un viaje en autobús durante ocho horas a través de las tierras de arbustos, en carreteras de asfalto negro que se habían extendido como masa para galletas con bordes irregulares sobre polvo harinoso de color beige. Olas de calor seco distorsionaban los escasos árboles en la distancia mientras rebotábamos sin aire acondicionado y pasaban una telenovela nigeriana por video. Cuando el autobús se detuvo para un breve descanso, fuimos asediados por aldeanos que vendían bebidas embotelladas de colores brillantes y huevos duros ensartados en brochetas que balanceaban afuera de las ventanas del autobús.

El Restaurante OK nos dio la bienvenida al llegar a Mongu. Había pequeños empresarios por todas partes, instalando sus negocios en pequeños edificios de metal corrugado color azul de ultramar, verde pasto y rojo escarlata, y vendían telas estampadas, artículos chinos de plástico para el hogar de color pastel y arroz de Mongu cosechado del suelo rojo tan rico en hierro, amontonado en bolsas de yute oscuro.

Bailando el círculo: las mujeres de Mongu

Nos alojaron en un convento en las afueras de Mongu con las Hermanas de la Santa Cruz. Es una orden alemana y muchas de las hermanas habían vivido en Mongu durante más de 40 años. Los sencillos edificios de concreto de un solo piso rodeaban el edificio de una capilla rodeada de flores meticulosamente cuidadas. Los cactus corona de espinas que en St. Louis solo llegaban a ser plantas del interior, crecían un metro de alto en Mongu y servían como una cerca de zarzas alrededor de la propiedad.

Era temporada seca y el calor es muy distinto al que había vivido durante los húmedos veranos de St. Louis. Nuestras sencillas habitaciones tenían cama individual y un escritorio. Había dos ventiladores para cinco personas y dos de las otras mujeres necesitaban los ventiladores más que yo. Todas las instalaciones del baño estaban teñidas de rojo cobre oscuro debido a los depósitos de hierro pesado en el agua y observé que las uñas de las hermanas estaban teñidas de rastros de los minerales. Normalmente se consumía agua embotellada, aunque las hermanas tenían un sistema elaborado para filtrar el hierro del agua de modo que se pudiera utilizar para otros fines.

Sor Grace me recibió en la puerta e insistió en que descansara. Le di los pantalones cortos de uniforme y también mostró mucho interés en todo lo demás que había empacado. Antes de partir para mi viaje, había ido a la Ciudad de México a una reunión en donde había cenado con Sor Leticia de Jesús Rodríguez Hernández. Sor Leti estaba asignada a Zambia, pero había regresado a su México natal para una visita. Le pregunté qué podía traerles a las hermanas como regalo especial y ella respondió: "Maseca para hacer tortillas". Tenía dos bolsas de cinco libras de esa harina en mi mochila con ruedas para las hermanas mexicanas que trabajaban en Zambia. Le di a Sor Grace los bolígrafos y marcadores para la escuela junto con 45 kilos de pantalones cortos de uniforme color azul marino. Llegó el día de mi presentación y preparé la sencilla sala de conferencias para un grupo de mujeres de la tribu Lozi para que pudieran iniciar su círculo de microcrédito.

Las mujeres llegaron envueltas en brillantes vestidos de batik que eran de todos los colores del arcoíris. Una mujer había perdido su hogar en un incendio la semana anterior. Muchas habían visto morir a sus familiares de SIDA. Todas vivían con recursos limitados.

A pesar de esto, las mujeres estaban felices y optimistas. Recientemente habían formado una cooperativa arrocera para capitalizar la cosecha del arroz rico en hierro de la provincia occidental y la tribu les había dado tierras para cultivar. Ser mujeres propietarias de tierras era algo muy inusual y estaban entusiasmadas con las perspectivas de la agricultura comunal. Eran empresarias por naturaleza.

Sor Dot me dejó ahí para ir a encontrarme con el resto de nuestra delegación que ese día estaba enseñando desarrollo infantil a los maestros de las escuelas locales. Estaba sola. Nos sentamos para comenzar nuestro círculo. Ellas hablaban en Lozi. Yo hablaba en inglés. Los documentos que tenía para ellas se convirtieron en un excelente papel para anotar. Sennnana, princesa de la tribu educada en Oxford, fue nuestra traductora y rápidamente decidí descartar mi presentación. Inicié haciendo preguntas:

¿Por qué querían un círculo de microcréditos?

¿Para qué se podrían usar los fondos y cuáles proyectos caían fuera del círculo?

¿Quién participaría y cómo se tomarían las decisiones?

¿Cuál era la cantidad del préstamo? ¿Cuánto duraría el préstamo y cuánto sería el interés?

Las mujeres tenían su propio proceso de círculo. Para cada pregunta, comenzaban en un punto diferente del círculo y daban la vuelta. Todas las decisiones se tomaron por consenso. La razón para querer los microcréditos fue sencilla: querían fundar pequeñas empresas. Eso debería haber sido obvio para mí, ya que todo el pueblo estaba entregado a pequeños empresarios. Los fondos podrían utilizarse para microempresas, para cubrir los gastos de educación de sus hijos y para funerales, pero no para tiendas de botellas. Debatieron brevemente cuánto debía ser la tasa de interés y finalmente se decidieron por el cinco por ciento. Rápidamente establecieron los términos del préstamo. Al final, fueron tan eficientes que terminaron el proceso de diseño de microcréditos por la mañana y se tomaron la tarde para desarrollar su plan de negocios para su incipiente empresa de arroz.

Al final del día bailaron, balanceándose rítmicamente alrededor del círculo al compás de la cadencia de su canto armonioso y melodioso. La afirmación y el empoderamiento de ese día lo traje de vuelta conmigo. Cuando regresé a St. Louis, compartí esta experiencia con varios grupos que trabajan con mujeres en la comunidad para ver qué interés podría haber en los microcréditos en mi comunidad de origen.

Compartir lo aprendido en Mongu sirvió de inspiración para el trabajo de microcrédito del *Women's Helping Hands Bank* en el vecindario del sureste de Forest Park. Bajo el liderazgo de Bobbi Sykes, las mujeres de ese vecindario replicaron el modelo de microcrédito de las mujeres Lozi de Mongu. Aunque las comunidades no podían ser más diferentes en algunos aspectos, compartían el amor por sus vecinos, años de confianza y apoyo mutuo, y la sagaz sabiduría y el sentido común práctico que han sido la base de las relaciones de las mujeres. Como dice Bobbi a menudo, "Los bancos verifican el crédito. En *Women's Helping Hands Bank*, verificamos las caras que vemos".

Nalikwanda: encontrar una amiga

Hacia el final de mi tiempo en Mongu, pasé el día con Sor Rosa Margarita Valdés Tamez. Ha dedicado su vida a ser misionera y yo podía ver que su amabilidad, calidez, sus brillantes ojos color café y su sonrisa cautivadora podían establecer un sentido de conexión dondequiera que fuera. Teníamos aproximadamente la misma edad y como ella había estudiado inglés antes de venir a Zambia, podíamos compensar mi inexistente español y hablar un poco.

Esa mañana la ayudé a cargar la pequeña camioneta polvorienta con fórmula infantil para llevarla a la clínica. Los setos de cactus Corona de Espinas delineaban el camino de entrada de la tierra roja y seca. Sor Rose Marg estaba trabajando con el programa de madres y bebés. En la clínica, las madres con SIDA o con VIH acudían en busca de atención médica y fórmula para no transmitir la infección a sus bebés. Hoy era día de clínica para mujeres y niños.

Subí al camión y salimos. Habíamos dejado el convento encalado de las Hermanas de la Santa Cruz en las afueras de la ciudad e íbamos en el camino lleno de baches hacia la calle principal pavimentada.

Casi todas las personas que pasamos caminaban descalzas sobre el pavimento ardiente. Muchas de las mujeres llevaban cargas pesadas (bolsas de 22 kilos de arroz Mongu, recipientes de agua, canastas grandes) en la cabeza y me asombraba su tranquila fortaleza y que no mostraran reacción ante el sofocante calor seco. Pasamos decenas de anacardos altos que crecían al costado de la carretera junto con mangos que crecían por todas partes. A medida que nos acercábamos a la ciudad, veíamos mercados al aire libre y pequeñas tiendas que vendían artículos para el hogar, telas, redes para la pesca, bebidas alcohólicas y ropa.

Sor Rose Marg y yo llegamos al pequeño edificio de concreto que alberga la clínica. En la sala principal, se reunían las mujeres con sus bebés y niños. Una enfermera tenía el papeleo para cada mujer y despachaba la fórmula para el bebé y las recetas para la madre. Al hojear los documentos, pude ver que la mayoría de las mujeres tenían casos activos de SIDA. Me dio tristeza pensar que muchas de ellas tal vez no vivirían para ver crecer a sus hijos. Pero igual, iban por la vida, hablando entre ellas en conversaciones calladas en Lozi, compartiendo risas con sus hijos mientras jugaban. La enfermera sugirió que tomáramos fotografías de las familias. La clínica podría imprimir las fotos y dárselas a las mujeres.

Me dio gusto poder complacerlas y tomé fotos de las familias que tenían interés en ello. No me quedé con las fotos porque no eran para mí; eran para las mujeres y sus familias.

Cuando regresamos al convento en Mongu, me fijé en un pequeño bote de madera en la repisa de la chimenea de la sala principal. Era una canoa larga, pintada de vivos colores con amplias franjas verticales en blanco y negro y un ancho dosel en el centro. Las hermanas nos habían invitado a cenar esa noche y Sor Rose Marg estaba emocionada de servir enchiladas hechas con la maseca que había traído de casa. En el camino, yo había pasado por su huerto, bien cuidado, pero no podía reemplazar la auténtica comida mexicana.

Aunque siempre tuvo la intención de ser misionera, Sor Rose Marg mencionó que una de las partes más difíciles fue dejar atrás todas las cosas familiares de la vida cotidiana. En Mongu no hay cafeterías, parques, farolas ni cines. El servicio de telefonía celular e internet puede ser irregular, yo misma lo había notado. Entre nuestro grupo, sólo un celular tenía recepción y, aunque sólo había estado fuera una semana, me parecía mucho más tiempo debido al aislamiento.

Si bien había nuevas experiencias en todas partes, alimentos nuevos, ministerios incipientes e incluso estrellas diferentes, era un desafío estar limitada al pequeño grupo de hermanas, sacerdotes y trabajadores humanitarios internacionales, pero no conocer a la gente. Le pregunté por ese pequeño barco sobre la repisa de la chimenea con su casco de rayas blancas y negras y la pequeña cabaña en medio, rematada por un elefante.

Sor Rose Marg me dijo que el barco se llamaba el *nalikwanda*, la barcaza real de la tribu Lozi. La barcaza ceremonial surca el río Zambezi en procesiones formales del rey de Lozi. El pequeño recuerdo era regalo de Joy, una mujer Lozi que trabajaba con huérfanos, a quien Sor Rose Marg. Con el tiempo, se hicieron amigas. Joy sufría de SIDA y, a medida que avanzaba su enfermedad, Sor Rose Marg la visitaba con frecuencia en su casa. Aunque Joy falleció, el pequeño barco es un recordatorio continuo de la relación y de la primera amiga que tuvo Sor Rose Marg en Mongu. Nuestra amistad nació esa noche en Mongu. Nuestros caminos se volverían a cruzar en las reuniones, en San Antonio y la Ciudad de México cuando menos me lo esperaba. Como es el caso de las buenas amigas, retomábamos la amistad justo donde la dejamos. Recientemente estuvimos juntas en Perú, donde Sor Rose Marg ahora trabaja como misionera. Como siempre, compré tortillas de harina, crema y, esta vez, un poco de harina para churros. El sabor a casa siempre es bienvenido.

Compartió un poco de lo que había aprendido de las experiencias misioneras que la habían llevado a trabajar con los indígenas de México, de Perú, Zambia y ahora de vuelta a Perú:

Siempre he sido misionera de corazón. Es un llamado único. Siento el llamado y lo vivo. Soy muy feliz en los lugares donde he estado. Mi corazón sigue en Zambia. Vine a Perú por primera vez en 1985 y me fui en 1994. Ahora estoy de vuelta.

En México, trabajé durante 15 años como maestra y en áreas indígenas en el sur de México. Trabajar con la gente indígena en la parroquia es muy distinto porque tienes que aprender su cultura, tradiciones religiosas y dialecto. Aunque una parte del trabajo que la gente hace en las zonas rurales de México y Perú es similar, el español es distinto y aprender a hablar correctamente tardó un tiempo. Las costumbres religiosas eran similares debido a la influencia de los españoles en ambos países.

Mi primera vez en Perú, trabajé en Cambio Puente. Iniciamos un club para las personas con capacidades diferentes y ahora que he vuelto, regresé y el club sigue ahí con nuevos líderes. Tienen una microempresa usando máquinas de costura y tejido que recibieron de un sacerdote. Es muy alentador ver que la gente está dirigiendo el club y está prosperando desde que nuestras hermanas salieron de Cambio Puente hace cinco años.

Ahora estamos trabajando con las familias y los laicos en las parroquias y los estamos acompañando en su trayectoria. Veo un cambio definitivo en la función de los laicos desde el Vaticano II. Estamos más cercanas a ellos y están tomando el liderazgo. Los laicos están comprometidos y eso fortalece nuestro trabajo y la misión.

Sor Rose Marg también reflexionó sobre los peligros que las hermanas enfrentaron en la década de 1990 cuando el grupo terrorista Sendero Luminoso, estuvo muy activo en Perú. Ese tiempo peligroso cambió su enfoque hacia su ministerio con la gente de Perú:

Mi tiempo aquí en la década de 1990 coincidió con el surgimiento de Sendero Luminoso, un grupo terrorista. La situación se volvió muy peligrosa. Asesinaban a la gente y también atacaban a sacerdotes y a las hermanas que trabajaban en las comunidades. Todas nuestras hermanas en Perú vivían situaciones peligrosas. Trabajábamos directamente con la gente y Sendero Luminoso nos percibía como una amenaza.

Sor Carol Ann Jokerst era la Superiora General en ese momento y vino de San Antonio a Perú. Llegó al aeropuerto lleno de soldados con ametralladoras y vino a preguntarnos qué pensábamos en cuanto a quedarnos en Perú o regresar a casa. Nos dijo: "Tengo esta tarjeta de plástico aquí. Podemos comprar boletos de avión y se pueden ir a casa". Nos preguntó una por una si queríamos quedarnos o irnos. Todas quisimos quedarnos.

Estuvimos trabajando en Chimbote, en Huancané y Lima. Algunas de nosotras estábamos en Cambio Puente. Cada una tuvo una experiencia diferente. Yo estaba en Huancané. Dedicamos nuestro tiempo a responder a las necesidades de los vulnerables y tratamos de ayudar a las personas a defender sus vidas. Les dimos comida y les brindamos atención médica.

Un individuo de Sendero Luminoso vino a mi casa y le pregunté qué quería y por qué estaban lastimando a la gente. Me dijo que no me preocupara, lo único que quería era comida. Sin embargo, yo sabía que no sólo quería comida. Quería dinero. La comida era sólo una excusa. Quería dinero para armas y pistolas. Era un pretexto.

Sendero Luminoso reclutaba a los jóvenes, sólo a los varones. Llegaron a pueblos y aldeas y mataban a los demás. Fui con una de nuestras hermanas a una reunión que organizó Sendero Luminoso, porque querían convencer a la gente de que Sendero Luminoso era bueno y estaba ahí para ellos. Queríamos saber qué estaba pasando. No sabían que éramos hermanas porque asumían que la mayoría de los misioneros eran blancos. Siempre estaban buscando a personas de aspecto diferente. Creían que la gente blanca tenía acceso al dinero y era influyente.

En Huancané, estaban buscando a las personas que trabajaban con los pobres. Sor Grace O'Meara y Sor Esther Chávez estaban aquí. Estábamos muy preocupadas porque Sendero Luminoso dijo que el pueblo en el camino sería su cena y Huancané sería el postre. Cuando vinieron, nos escondimos. Le dispararon a un sacerdote y Sor Esther Chávez lo atendió.

Era una guerra. El terrorismo no ha terminado por completo. Sendero Luminoso sigue en las montañas, selvas y áreas remotas. Se ocultaron en áreas rurales y en el Amazonas.

Como hermana, recibí un llamado a servir a Dios y eso significó servir a las personas más pobres y vulnerables, las que no tenían voz. Por eso entré. Eso era lo que tenía en mente. Pero cuando comencé a trabajar con la gente en Perú y enfrenté la amenaza de Sendero Luminoso, eso cambió las cosas. Me di cuenta de que no se trataba sólo de servir a la gente.

Porque con el terrorismo a nuestro alrededor, la gente necesitaba protección y que yo caminara con ellos. Tenían derechos como yo y estábamos juntos. La única forma de cambiar las cosas es entrar en su realidad, trabajar con ellos y encarnar el Verbo. Eso cambió mi vida. No fui a protegerlos, sino a caminar con ellos. Caminar con su cultura, aprender sus percepciones y cómo ven la vida; y dar a conocer el Verbo Encarnado.

RE-Barn: la misión vive dentro

Soy apicultora. En mayo, el flujo de néctar primario está en pleno apogeo y mis abejas se ocupan decididamente de su trabajo. Algunas protegen la colmena, otras traen agua del estanque, buscan néctar o polen o alertan a sus camaradas de nuevas flores que bailan en el umbral de la puerta. Otras se cuelgan de la caja de la colmena y la abanican con sus alas para mantener fresca la colmena interior. Todo al servicio de una misión.

Conocí a Sor Alice Holden por primera vez cuando ella dirigía RE-Barn, un centro de espiritualidad y arte en el viejo establo lechero que era propiedad de la Congregación. Sor Alice es una mujer sabia de cabellos blancos, facciones afiladas y ojos bondadosos y sonrientes. Practica el T'ai Chi Chih, alta y angular, se mueve sin esfuerzo por el mundo de las tradiciones espirituales.

El establo blanco de Sor Alice albergaba arte dinámico y música tranquila donde anteriormente había puestos lecheros. Las altísimas vigas del pajar enmarcaban un espacio sagrado contemplativo. Me encantaba rozar los altos arbustos de romero al entrar al establo, y reflexionar sobre las visiones de los artistas mientras escuchaba a Sor Alice compartir con franqueza su último viaje espiritual. Pero en algún momento, todo esto desapareció.

Los edificios para las hermanas estaban al lado y necesitaban más espacio. El encantador establo lechero dio paso a apartamentos para personas mayores para ampliar el ministerio de las hermanas de servir a personas de la tercera edad. A lo largo de los años, cuando las necesidades del ministerio a premiaban, las hermanas vendían terrenos para construir hospitales o apoyar escuelas. La Universidad del Verbo Encarnado cubría acres de lo que había sido una tierra de pequeños manantiales y robles vivos. Responder a las necesidades de la época y el ministerio seguía siendo fundamental.

Aun así, la pérdida me conmovió. Pensé en Sor Alice, el aroma del romero, el calor que rebotaba sobre de la piedra caliza tejana al borde del camino del establo, la luz que entraba por las ventanas cuadradas del puesto lechero. Una torre de apartamentos había reemplazado el establo blanco. No podía imaginar lo mal que se sentiría Sor Alice de haber perdido ese hermoso espacio.

Unos meses después, yo estaba en San Antonio caminando por las tierras de la casa madre detrás del centro de jubilación. De repente, vi a Sor Alice caminando hacia mí, alta y esbelta con una blusa roja y falda de mezclilla.

Cerré el espacio entre nosotras e inmediatamente expresé mi preocupación por ella y la pérdida del establo. "¿Cómo estás? ¿Qué planes tienes? Lo lamento mucho..."

Me regaló una sonrisa radiante y respondió:

> *El establo era sólo un lugar. Un regalo hermoso. El último día, mientras empacábamos el RE-Barn, ya estábamos cerrando y yo no tenía a dónde ir. Llamé al centro de jubilación, la Villa del Verbo Encarnado, y le pregunté al director si había un lugar donde yo pudiera establecer una oficina. Cuando llamé, entró la llamada antes de que sonara el timbre. El director estaba llamando a otra persona y recibió mi llamada en su lugar.*
>
> *Le dije: "¡Hola! ¡Hola! Soy Alice." "Oh" dijo, "Soy Steve Fuller," y dije: "Bueno, quiero hablar con Steve Fuller. ¿Cómo estás?" "Ahhh, muy bien" respondió. Le dije: "¿Recuerdas que te platiqué de una oficina en el primer piso? ¿Hay una ahí que puedas prestarme por un tiempo?" Me dijo que había dos y preguntó cuál me gustaría. Le dije: "La que dé mayor gloria a Dios. Creo que la más grande." Me mudé a la oficina más grande.*
>
> *Ahora tengo un nuevo ministerio, Chispas, al cual le di nombre por las chispas de divinidad que hay dentro de cada uno de nosotros. Christa Humana Inspira Su Pasion por las Artes y Spiritualidad (Spiritual Practices and the Arts, Inspiring Knowledge of the Arts and Spirituality).*

Me llevó a su pequeña oficina sin ventanas en la planta baja, muy distinta al espacioso e iluminado viejo establo lechero. Vi pequeños toques que hacían que el espacio fuera distintivo de ella, arte folclórico colorido de México, ricos tapices que representan la vida rural en Perú, velas de pilar, una estatua de Nuestra Señora de Guadalupe.

Ves, la misión siempre está dentro de mí.

Y lo entendí. Para Sor Alice, el lugar no es importante porque lleva la misión dentro dondequiera que esté. La misión se manifiesta en cualquier cosa que esté haciendo. La misión fluye a través de su vida y se despliega hacia el mundo.

Muchas veces he pensado sobre esa conversación con Sor Alice. A menudo nos enredamos en la necesidad de poseer algo, ya sea un lugar, un proyecto, nuestro trabajo u otra persona. En diferentes sentidos, estas cosas son necesarias para nosotros, pero no nos definen. Cada uno tenemos una misión. Conforme crecemos en la misión, la llevamos dentro. Las abejas actualmente viven en una caja de colmena en mi jardín, pero podrían formar enjambre y mudarse a un sicomoro hueco o al alero podrido de un edificio. Las abejas construirían un nuevo panal, encontrarían jardines nuevos, repondrían las reservas de miel y crearían una nueva comunidad.

La misión la llevamos dentro.

Entrégalo a Dios: cree

Cuando comento que trabajo con las Hermanas, la gente se siente intrigada. ¿Cómo son? ¿Quiénes son estas misteriosas mujeres? Hago hincapié en que las hermanas no son ningún misterio y no desaparecieron, forman parte importante de nuestra comunidad y simplemente están cursando por rutas distintas a la enseñanza y la enfermería. Están activas en la justicia social, apoyo a las causas sociales y atención a los pobres. Administran *St. Anthony's Food Pantry*, realizan visitas a domicilio con *Nurses for Newborns*, organizan comunidades a través de *Metropolitan Congregations United*, son tutoras para niños inmigrantes en un centro de tutoría móvil, protestan en el vertedero de residuos radiactivos de Bridgeton y brindan atención médica en el condado de Washington en una clínica móvil. Cada una es única. Tienen distintos caracteres y diferentes amistades, pasatiempos, preocupaciones y alegrías.

Hay algunos rasgos comunes, una cultura compartida que fue creada por lo que ellas llamarían "formación". La formación constituye la base de convertirse en hermana. En el pasado, la formación se dividió en segmentos distintos como parte de un proceso de siete años; las hermanas eran aspirantes, postulantes, novicias, profesas temporales y luego profesaban sus votos perpetuos. Aunque la terminología ha cambiado, las hermanas siguen llevando a cabo un proceso que puede tardar hasta siete años antes de hacer los votos perpetuos.

Estas experiencias comunes les dan a las hermanas un punto de referencia sobre cómo vivir su vocación, cómo relacionarse con los demás y cómo tomar decisiones. Les brinda una gracia especial para afrontar las dificultades con un sentido de tranquila aceptación. Eso no significa que no enfrenten desafíos ni que eviten los problemas. No son observadoras pasivas de la vida. Son proactivas, pero logran no obsesionarse con las preocupaciones. Es una cualidad que les envidio.

Hay un dicho que dice que los irlandeses no son felices a menos que sepan que algo malo acecha a la vuelta de la esquina. La maldición particular de ser católico irlandés es la capacidad de darle vueltas a un problema en la mente hasta convertirlo en un trasfondo constantemente agitado para el día. Yo había perfeccionado esta aflicción hasta convertirla en una forma de arte.

Afortunadamente, he sido bendecida al contar con hermanas que trabajan en la Fundación. Sor Helena

Monahan es una de ellas. Es una pequeña pelirroja que se crió en el norte de St. Louis. La llamo la mujer sabia residente. Es abogada con doctorado en inglés que fue rectora de la Universidad del Verbo Encarnado y anteriormente líder provincial y congregacional.

Más importante aún, es mi querida amiga. No podría pedir más.

Recurrí a Sor Helena un día cuando me desperté a las tres de la mañana y sólo hasta el amanecer pude volver a dormir exhausta. No estaba de muy buen humor y de manera figurativa me arrojé a sus pies el problema que me había tenido dando vueltas y vueltas. Dejó su escritorio y se sentó a mi lado. Ella sabía que yo tenía casi una semana obsesionada con esto y que, a pesar de toda la preocupación y la ansiedad, no me encontraba más cerca de una solución. De hecho, la solución estaba totalmente fuera de mis manos.

Sor Helena me dijo: "Hay veces en que he estado extremadamente preocupada. Llegaba al punto de que se convertía en lo único que podía pensar. Cuando eso sucede, me detengo y me digo: "Entrégalo a Dios. Cree. Cree." Simplemente me sigo repitiendo a mí misma: "Cree".

Intenté asimilarlo y ella podía ver por la expresión en mi rostro que estaba batallando con la idea de cómo podía realmente funcionar eso. En un mundo donde "todo se puede", este enfoque choca con lo que se nos dice a diario. La idea de entregarle completamente algo a Dios me era totalmente ajena. Desde mi perspectiva, era más fácil seguir rumiando y preocupada. La preocupación misma casi había adquirido su propia vida y eramás grande e importante que el problema mismo.

Sor Helena me conoce demasiado bien y continuó: "Sé que no es fácil hacerlo. Sin embargo, cuando surge la preocupación, simplemente me sigo repitiendo a mí misma, 'Entrégalo a Dios'. Cree. Cree. Cree. Y eso realmente funciona. Se lo entrego a Dios y las cosas a final de cuenta, se resuelven. Ojalá pudiera quitarte esta preocupación. Necesitas soltarla."

Decidí intentarlo y descubrí que era muy difícil. Volver a analizar el problema desde todos los ángulos posibles, repetir la serie de eventos en mi mente, hablar conmigo misma sobre el problema en mi auto en el camino a casa, eran hábitos cómodos. Era fácil. Como tejer, podía hacerlo sin siquiera darme cuenta.

"Entrégalo a Dios" requiere una acción deliberada. Reprimir la preocupación, decir "cree", darle la espalda, cerrarle la puerta al mantra de la preocupación y reemplazarlo con un nuevo mantra requiere fuerza de voluntad. La preocupación es una fuerte adicción.

Ahora, en los días en que la preocupación se apodera de mí, sigo diciendo: "Cree. Cree. Cree." Todavía fallo más veces que las que logro tener éxito, pero a veces me funciona. Tranquilamente cierro la puerta y sigo adelante con mi día. Cambio de enfoque y recuerdo que todos los días casi toda persona en el mundo intenta hacer el bien y que, en general, todos estamos haciendo lo mejor quepodemos.

Como me recordó Sor Helena, Julian de Norwich dijohace más de medio milenio:

Y todo estará bien y todo estará bien y
todo tipo de cosas estarán bien.

Paz Profunda: la Visita del Vaticano

Por lo general, la Visitación trae a la mente la historia bíblica de María e Isabel regocijándose con la expectativa de traer una nueva vida al mundo. Para nuestras Hermanas, se trata de una nueva historia, La Casa de la Visitación. Dentro de las paredes de una mansión con pilares blancos en un barrio de San Antonio que había visto días mejores, Sor Cindy Stacy y Sor Yolanda Tarango les dan la bienvenida a mujeres y niños sin hogar para dar un paso hacia una nueva vida de autocompasión y autosuficiencia. Las familias viven con las hermanas y los antiguos salones familiares son salas de juegos para niños felices. Lo único que falta es un perro labrador amarillo que se relaje en el amplio pórtico, y si me salgo con la mía, Sor Cindy finalmente correrá el riesgo algún día y mi visión estará completa.

El Vaticano, sin embargo, tiene un concepto de Visitación completamente diferente y en 2012 hizo un pronunciamiento que tuvo efectos a nivel de tsunami. El título formal era "La Visita Apostólica de los Institutos Americanos de Mujeres Religiosas" y por lo visto se trataba de "investigar la calidad de la vida religiosa".

Sin embargo, rápidamente se percibieron otras motivaciones, ya que el enfoque de la Visita se centró sobre todo en las congregaciones progresistas de hermanas y su organización nacional, el Consejo de Liderazgo de Mujeres Religiosas. Las monjas de clausura no eran el centro de atención. Los obispos y cardenales conservadores habían estado pendientes de cómo las hermanas católicas trabajaban a favor de la justicia social en el ámbito cívico y gubernamental, adoptando perspectivas que a veces estaban en desacuerdo con las de la jerarquía masculina de la Iglesia. La Visita fue la respuesta.

Los mandatos siguieron rápidamente bajo la supervisión de un cardenal conservador y el superior general de las Hermanas de San Francisco del Mártir San Jorge. Las hermanas tenían que llenar cuestionarios individuales, responder a una larga lista de preguntas generales sobre la congregación y detallar sus activos financieros. En la mayoría de los casos, posteriormente se llevarían a cabo visitas personales de equipos de hermanas de otras congregaciones que realizarían entrevistas presenciales con las líderes de cada congregación de mujeres religiosas.

En St. Louis, ciudad profundamente católica, la reacción fue inmediata. Después de varios años bajo la autoridad de un destacado prelado conservador, el cardenal

Raymond Burke, pensé que nos habíamos acostumbrado a pronunciamientos fuertes. Habíamos sido noticia nacional cuando el cardenal decretó que aquellos quienes apoyaron a los candidatos presidenciales demócratas ya no podían recibir la Comunión. Tres mujeres fueron ordenadas en una sinagoga local dirigida por una mujer rabina reformista y St. Louis apareció en el periódico *The New York Times* cuando el Cardenal declaró a la mujer rabina persona non grata y excomulgó a las mujeres sacerdotes. La disputa entre la antigua parroquia polaca de San Estanislao Kostka y la Arquidiócesis acerca de a quién le pertenecía la propiedad donde estaba ubicada la iglesia, había culminado con que excomulgaran a los miembros de la mesa directiva de la parroquia.

Fue sorprendente ver que las excomuniones llegaban a la parroquia en la máquina de fax, cuando siempre había creído que el proceso se llevaba a cabo por hombres a caballo desde San Pedro, atravesando Europa en la oscuridad de la noche, en un mundo donde se usaba lacre para sellar cartas, pergaminos y plumillas. La Iglesia Católica de mi infancia antes del Vaticano II estabade vuelta, pero no todos estábamos de acuerdo.

De repente todos, desde el repartidor de UPS hasta mi vecino luterano me decían lo molestos que estaban por lo que les pasaba a las "monjas". Los sacerdotes me apartaban para compadecerse; ya que yo trabajaba para las hermanas católicas, de repente me había vuelto su emisora y a la par recipiente de tributos verbales tanto del mundo católico como del no católico. Parecía que prácticamente cualquier persona con la que me cruzaba tenía una tía, una prima o una querida amiga de la familia que era monja. De la noche a la mañana, la gente se sintió abrumada de una nostalgia por aquellas mujeres que gobernaban en sus días de escuela primaria, o las hermanas que se sentaban en el mostrador de la recepción del hospital, o la monja que habían conocido en alguna manifestación o protesta.

Mi tía irlandesa, que llevaba estampas de la novena de Santa Teresa de Lisieux, "la Pequeña Flor", en su bolso, me sorprendió cuando confesó: "Bridge, no dejo de pensar en lo malo que es el Arzobispo, pero soy demasiado mayor para convertirme a otra religión". Fui a un almuerzo de Caridades Católicas donde estaba hablando el obispo auxiliar y un juez judío en mi mesa estaba ocupado repartiendo botones publicitarios que él mismo había pedido, "YO APOYO A LAS MONJAS". Me fijé que el cura de la cancillería que estaba sentado en nuestra mesa no tomó uno.

Fueron momentos intensos. Pensé en la hermana orante de nuestra oficina, la hermana Felician Borgmeyer, que había dedicado su vida a trabajar tranquilamente en el antiguo Hospital del Verbo Encarnado. Al final de su tiempo allí, fue asignada al cuidado pastoral y pasaba las tardes rezando el rosario en las habitaciones de los hospitales con los moribundos. Ahora a los noventa y pico de años de edad, sus principales intereses eran las plantas de su casa y las visiones de María de Medjugorje. Pasaba su tiempo en misa o en oración.

Un día me sacaron de una reunión porque ella me estaba llamando por teléfono. Como nunca antes había llamado a la oficina, me sentí un tanto alarmada. Explicó que llamaba porque no recordaba si había enviado una nota de agradecimiento por las flores que le habíamos entregado para su fiesta. Pensaba que sí lo había hecho, pero por si acaso no, quería agradecerme.

La tarjeta estaba en mi escritorio.

La idea de que el Vaticano quisiera que ella les informara cuántas veces se había confesado o si asistía a misa diaria me hizo enfurecer.

Entonces recibí el llamado. El equipo que hacía las visitas vendría a San Antonio el próximo mes y quería tener una reunión en un grupo pequeño con personas que trabajaban con las hermanas. Sor Yolanda Tarango, líder de la Congregación en ese momento, me invitó a ser parte de ella. A medida que pasaban las semanas, seguía pensando en lo indignante que encontraba todo el proyecto. El lado menos dócil de mi temperamento irlandés cobraba mayor protagonismo mientras cavilaba respecto al siglo de servicio fiel que nuestras hermanas habían brindado, y que esto fuera la respuesta.

Llegó el día de partir hacia San Antonio. Estaba organizando lo que llevaría conmigo cuando recibí el mensaje de que Sor Mary Pezold me había llamado antes y que debía llamarla antes de irme. Estaba concentrada en salir de la oficina y decidí llamar más tarde, pero mi asistentefue inflexible. Sor Mary tenía muchas ganas de hablar conmigo.

Me pareció completamente fuera de lugar. Normalmente Sor Mary no insistiría tanto. Había sido pastora asociada en la parroquia más grande de la arquidiócesis, San José en Cottleville y todo el mundo la amaba. Sor Mary llevaba por dentro una tranquila bondad. Había sido presidenta de la Mesa Directiva durante nueve de los años de mi trabajo con las hermanas, y la sabiduría y la gracia se manifestaban en su voz tranquila, sus suaves ojos grises y su paciencia. También tenía un alegre sentido del humor, una voluntad de hierro y era famosa por escribir tantas notas de agradecimiento que hacíamos la broma que incluso escribía notas de agradecimiento para agradecer las que había recibido.

La llamé y me dijo que quería orar conmigo antes de irme. Respondí que estaba bien y mentalmente comencé a analizar lo que tenía que hacer antes de mi partida. Cuando terminó la oración, le agradecí rápidamente y comencé a despedirme. Ella me detuvo y me dijo: "No, espera. Puedo percibir que estás enojada por esto, y eso no va a funcionar. No puedes entrar a esto con enojo, porque ese enojo se manifestará cuando estés en la entrevista. Esto es importante".

Como siempre, se trataba de la relación. Y luego, con tranquila sabiduría, me habló sobre cuál podría ser el proceso, cómo se podrían plantear las preguntas, cómose podrían enmarcar las respuestas. Escuché y me relajé.

Al darle las gracias, le dije: "Sor Mary, tienes una paz profunda. Ojalá tuviera yo esa paz profunda".

Ella respondió: "Tienes otros dones".

Sabía que tenía razón. Pero eso no significaba que todavía no quisiera lo que ella tenía, la profunda paz que sabía que era imposible para alguien de mi temperamento impaciente, irascible e intuitivo.

Mientras salía por la puerta, vi a Sor Mary Margaret, y le hablé de la profunda paz y de lo que deseaba; me interrumpió y me dijo: "Tienes otros dones".

Dos veces en el mismo día. Quizás algunas cosas no están destinadas a ser, pero a pesar de todo, todavía tenía algunas preguntas que responder en San Antonio.

CAMINANDO HACIA LA GRUTA

En ciertos sentidos, la Visita no pudo haber ocurrido en peor momento. Las Hermanas habían decidido en su anterior reunión del Capítulo disolver el nivel provincial de gobierno congregacional y alinear su organización. Ya no habría una Provincia de México, una Provincia de Estados Unidos y una Región de Perú con oficinas provinciales y líderes responsables del trabajo diario de las hermanas en cada área geográfica. Todas las hermanas y ministerios estarían directamente bajo el Generalato, dirigido por la líder de la Congregación y un equipo de liderazgo elegido por toda la Congregación.

Aún en mucho mejores circunstancias, esto supondría un gran cambio. Durante más de 100 años, las hermanas habían tenido una estructura provincial, y aunque las provincias de St. Louis y Nuevo Orleans se habían fusionado con la provincia de San Antonio hace décadas, la naturaleza multicultural de la Congregación había funcionado bien con la estructura de provincias. Hacer el cambio requeriría un fuerte compromiso y energía, pero la Visita del Vaticano de repente exigió atención total de parte de todas.

Cada hermana tenía que responder a cuestionarios. Sor Yolanda tuvo que volar a Chicago para reunirse con la Madre Clare Millea, A.S.C.J., la hermana a cargo de la investigación. Un equipo de Hermanas del Verbo Encarnado que habían estado en el liderazgo se reunió con regularidad para abordar las preguntas que el Vaticano tenía para la Congregación en general, confiando en la Constitución de las Hermanas, aprobada por Roma, para elaborar respuestas cuidadosas. Y ahora el equipo de la Visita Apostólica venía a San Antonio.

El día antes de reunirme con la delegación del Vaticano, las hermanas me invitaron a unirme a ellas para un servicio de oración.

Se reunieron al pie de los escalones de piedra caliza de su capilla de ladrillo rojo macizo, un grupo tranquilo de mujeres mayores vestidas con trajes de pantalón de colores claros y zapatos cómodos para caminar. Ninguna parecía estar molesta o preocupada en lo mínimo por la idea de monjas de largos hábitos enviadas desde el Vaticano para escudriñar bajo cada roca y piedra en búsqueda del menor indicio de algún escándalo. Era un día común y corriente y excesivamente cálido en Texas.

Me alejé y caminé hacia el frente del grupo y me paré bajo la fachada de la antigua casa madre, *INCARNATE WORD CONVENT*. palabras talladas en mayúsculas en piedra de marfil, teñidas de negro por el viejo alquitrán. La casa madre había sido derribada hacía décadas cuando el terreno se asentó y ahora solo quedó la fachada, que servía de fachada del nuevo complejo para personas jubiladas, La Villa del Verbo Encarnado.

Al regresar, vi a Sor Yolanda que llevaba puesta una brillante chaqueta de color. Se encontraba en una conversación feliz con varias hermanas, gesticulando con gestos animados mientras se reía y compartía una historia. Sor Martha Ann Kirk, con su cabello rubio y rojizo hasta la cintura y su falda ondulante se movía con agilidad, y organizó la procesión. Las hermanas guardaron silencio, repartieron hojas de la oración y formaron dos filas. Mientras nos dirigíamos hacia la gruta por debajo de los nogales y robles en el seco calor de San Antonio, comenzaron a cantar un viejo himno.

Las agudas notas de la soprano eran el telón de fondo de mi reflexión. Volteé a mi derecha y miré hacia la fuente victoriana pintada de brillantes colores en la que una garza de hierro blanco levanta su pico naranja hacia el cielo y manda al agua en danza hacia la pequeña pileta que tiene por debajo. Miré más allá de los balcones de madera de estilo arquitectónico gingerbread de la Casa Brackenridge, donde las primeras hermanas habían estado con sus túnicas negras polvorientas y habrían contemplado una tierra de manantiales, arenisca y arbustos que se convertiría en el corazón de un imperio de dedicación y servicio.

Me volví hacia adelante y pude visualizar en mi mente una cabalgata de hermanas con hábitos negros, cofias blancas y velos negros con grandes escapularios bordados en rojo, *amor meus*, amor mío, sobre sus corazones. Lo que se había extendido durante más de 100 años parecía predestinado a ser hospitales, escuelas y orfanatos que salpicaban de manera mágica el mapa de las ordenadas provincias de las Hermanas bajo la mirada benigna de las madres superioras consagradas en las pinturas al óleo que cubrían los pasillos interiores.

Éramos un grupo bastante heterogéneo y casual en comparación con el orden perfecto de otra época. Por un lado, apostaría lo que fuera que en ese entonces, no habría ninguna laica de St. Louis acompañando a hermanas a la gruta. Y me imagino que el canto fuera un poco más afinado... y en latín.

El paso de la procesión se hizo más lento y me di cuenta que a pesar de estas diferencias, las hermanas del pasado y del presente eran de la misma familia, una sola Congregación. Orar y caminar juntas, celebrar días festivos, enfrentar las dificultades como las de dejar atrás una escuela querida por otra en otro estado, considerar el dilema de vender terrenos para construir un nuevo hospital que podía fracasar, desafiar a un obispo que tenía otras ideas acerca del trabajo que había que hacer, preguntarse cómo reconciliar los diferentes puntos de vista entre las hermanas sobre el futuro de la congregación. Era la misma historia. Ya sea una película muda en blanco y negro o en brillante tecnicolor, la llamada permaneció. En todo momento, las Hermanas respondieron.

Llegamos a la gruta de piedra color siena ennegrecida donde Nuestra Señora de Lourdes posa, elevada sobre Santa Bernarda, que está de rodillas. Las hermanas comenzaron a orar. Mientras las veía hablar al unísono, vi a Sor Theresa McGrath y a Sor Neomi Hayes, y me las imaginé de niñas, dejando el verde intenso que gotea del frío clima de Irlanda por el sol polvoriento y árido de Texas, sin pensar en volver a la lluvia suave y una taza de té. Vi a Sor Carol Ann Jokerst y a Sor Helena Monahan, originarias de St. Louis como yo, que vinieron porque simplemente lo sabían, habían sentido la necesidad de servir y habían tomado el tren a San Antonio hacia otro camino de vida.

Varias hermanas mexicanas se pusieron de pie en oración. A pesar de que la investigación estaba dirigida a las hermanas en los Estados Unidos, ellas apoyaban a sus hermanas. Si bien la realidad de trabajar en las colonias maquiladoras de Juárez, en las calles llenas de gente de la Ciudad de México o en los pasillos de una escuela secundaria en Guadalajara podría ser una realidad diferente, todas las hermanas del pasado y del presente compartían el trascendental llamado que había atraído a aquellas jóvenes francesas a San Antonio en 1869:

Nuestro Señor Jesucristo, sufriendo en una multitud de enfermos y desvalidos de todas clases espera el alivio de vuestras manos.

Cuando el obispo Claudio María Dubuis escribió esas palabras en una carta a una hermana en un convento de clausura en Lyon en la década de 1860, poco se hubiera imaginado a lo que se enfrentarían las hermanas del futuro a manos de sus hermanos obispos. Pero tal vez no se hubiera sorprendido tanto. Cuando se fundó la congregación, la Iglesia no apoyaba a las hermanas que dejaban los conventos para trabajar con los necesitados. El Vaticano se negó a dar reconocimiento oficial a esas congregaciones de hermanas hasta 1900. Si bien hacen hincapié en la estructura, las hermanas católicas también tienen una larga historia de satisfacer las necesidades primero, y ser muy meticulosas en atención a cada detalle. Nuestras hermanas no eran la excepción. Ese día, yo estaba allí con ellas.

Paz Profunda: la Visita del Vaticano

Una vela encendida: todo saldrá bien

La mañana de mi encuentro con la Visita del Vaticano comenzó como todas las mañanas con Sor Dot y Sor Neomi. Me desperté con el ligero canto de las urracas en las buganvilias moradas afuera de mi ventana. Escuché a las hermanas murmurar la oración de la mañana mientras me reorientaba en el dormitorio familiar con sus sencillos muebles de mimbre blanco. Por un momento, fue un día como cualquier otro, con la excepción que la entrevista del Vaticano me esperaba ese día. Mientras caminaba hacia la sala de estar, las hermanas tomaban su té matutino. Sor Neomi estaba usando su iPad. Su vista le fallaba un poco y Sor Dot le había encontrado un sitio en el Internet con el oficio de la mañana para que pudiera agrandar la fuente. Mientras escuchaba, ambas hermanas siguieron rezando juntas los salmos y lecturas.

Nos sentamos en un agradable silencio en compañía de la gatita, Kitty, recostada lánguidamente al sol mientras yo tejía un calcetín azul. Una mañana tranquila. Me uní a Sor Dot y a Sor Neomi en la conversación habitual de desayuno alrededor de la mesa con alegres platos azules y blancos y me serví una buena ración de reluciente ensalada de frutas del tazón de cerámica mexicana con estampado color índigo. Seguimos evitando el tema y Sor Neomi compartió las últimas noticias de su familia irlandesa trasplantada a Inglaterra.

Era hora de irnos. Sor Dot fue rápidamente a su habitación para recoger su bolso. Empecé a recoger la mesa, pero Sor Neomi me detuvo y me llevó a la sala. Encendió una vela en una mesa pequeña junto al pequeño santuario de Nuestra Señora de Guadalupe y dijo:

"Prenderé esta vela todo el día por ti hasta que regresescon nosotras. Estarás en mis oraciones."

Con esa bendición, partí.

Durante el viaje en el coche, de manera inusual, Sor Dot y yo teníamos poco que decirnos. Seguí dándole vueltas a la próxima entrevista en mi mente, recogiendo y descartando respuestas, tratando de decidir cuál podría ser la que más aturdiría con su brillantez a los visitantes del Vaticano. El montón de respuestas que iba descartando iba creciendo. Tratar de aferrarme a la oración de bendición de Sor Mary Pezold y la luz de la vela de Sor Neomi no estaba funcionando. Sentí que Sor Dot pensaba que, si empezábamos a conversar, para cuando entrara al Generalato, yo ya habría agarrado impulso con tanta fuerza, que era mejor no ponerse a charlar. Todas contaban con que sus compañeros laicos fueran apropiados, que no estuvieran enojados. Sentí la tranquilidad de Sor Dot de que todo saldría bien. Me dio un abrazo rápido y me envió hacia mi destino. "Nos vemos esta noche, joven".

Al entrar al Generalato, parecía ser un día como cualquier otro. Madeline Stacy, la madre de Sor Cindy me saludó con su sonriente y alentado acento tejano y me preguntó si había tenido un buen vuelo. El obispo Dubuis, siempre el alegre francés, sonrió desde su fotografía del siglo XIX, un joven con grandes planes que dormía bajo las estrellas en Castroville, Texas. Al pasar junto a la capilla de adoración contemporánea donde el cirio rojo se veía parpadeando a través de la puerta, me lo podía imaginar dándome un guiño para animarme.

Mientras caminaba por el pasillo y pasaba por la sala de estar, traté de ser optimista. Después de todo, ¿qué tan malo nos podría ir? Por lo general, la respuesta era: "Peor de lo que uno se pueda imaginar". Intenté concentrarme en el jardín de Sor Neomi, donde probablemente estaba trabajando en ese momento arrancando las malas hierbas y recortando las flores rosas del laurel.

Sor Yolanda me recibió en la puerta. No solo era la líder de la congregación, era una de nuestras hermanas más extrovertidas, encantadora pero inteligente, con doctorado en Teología del Seminario Teológico Presbiteriano de Austin. Sus sonrientes ojos castaños no se perdían de nada. Habíamos trabajado juntas durante muchos años y siempre me impresionaba su capacidad de tranquilizar a las personas sin evadir las discusiones difíciles.

La sala de conferencias había sido recién renovada para usarla en videoconferencias y todo era blanco y rígido, los bordes duros, las paredes, las sillas de cuero y las persianas se ajustaban silenciosamente con solo presionar un interruptor. Me recordó a una habitación de una película de espías. Por fuera de las grandes ventanas podía ver los pájaros en el jardín del patio y al otro lado del camino, la sala comunitaria vacía.

Las Visitadoras eran tres hermanas, y me sorprendió ver que la hermana a cargo era una hermana de la Escuela de Notre Dame. Ellas eran las hermanas que me habían enseñado en la escuela secundaria, y sabía que eran fuertes feministas y mentoras. La hermana JoAnn Hanrahan, SSND apareció en mi mente con su pelo rojizo vivo y su comportamiento enérgico. Cuando la conocí, yo era estudiante de primer año, y me asombró un poco que una mujer pudiera tener opiniones tan fuertes y ser tan segura de sí misma. No había consentidas en su clase de Culturas del Mundo, solo una expectativa intransigente de que dijéramos lo que pensamos y cumpliéramos sus altas expectativas. Por su expresión me di cuenta de que sabía que yo podía hacer el trabajo y que no toleraría nada menos que lo mejor de mí.

Qué extraño ver a alguien de Notre Dame con un hábito y un velo modificado participando de manera activa en lo que me parecía un interrogatorio entrometido. Era abogada canónica y me pregunté si tal vez había decidido que trabajar para el Vaticano brindaba la oportunidad de ayudar la causa de las hermanas desde adentro. Lo consideré por un momento y luego decidí que era más bien dudoso cuando hizo caso omiso de mis intentos de establecer una buena relación al jugar mis "cartas de exalumna del colegio de Notre Dame". Ni siquiera le provocó una sonrisa la mención de la hermana Mary Ann Eckhoff, SSND, líder destacada en la jerarquía de Notre Dame. Se trataba de un juego de póquer de alto riesgo. Las otras dos hermanas eran carmelitas de hábito completo, una de color café y la otra de color marfil. Ambas tenían poco que decir y miraban al suelo en lugar de mantener contacto con la vista. Nuestras hermanas no se quedaron en la habitación, pero yo no estaba sola. Las hermanas habían reunido un equipo de laicos para apoyarlas. Reconocí al presidente de la Universidad del Verbo Encarnado, al director ejecutivo de CHRISTUS, ejecutivo jubilado de Anheuser-Busch, un asociado laico y un teólogo.

Mi lugar en la mesa estaba al lado de la hermana Carmelita vestida del suave hábito de color marfil, con su libreta amarilla sobre la mesa. Cuando me senté a su lado, me miró y con una leve sonrisa, colocó su libreta en su regazo. En el transcurso de la reunión hizo todos sus apuntes debajo de la mesa como si yo tuviera planes de copiarlos. ¿Acaso pensaba que habíamos regresado al cuarto grado en el Colegio Santa Cecilia? Quería apartarme, pero decidí que parecería sospechoso. Miré al frente e hice como si no me diera cuenta.

Comenzamos con una oración que había sido escrita especialmente para la Visita, pidiendo a María por su intercesión. Pensé en Sor Felician dedicando parte de cada día a ofrecer oraciones por mí. Podría imaginarme a la gatita Kitty descansando bajo los rayos del sol junto a la llama del cirio ante la tranquilidad de la estatua de terracota de Nuestra Señora de Guadalupe de pie ante sus rosas, mientras Sor Neomi limpiaba silenciosamente las mesas de lado y acomodaba el periódico *The New York Times*. Podía escuchar a Sor Mary Pezold explicando el proceso paso a paso con su voz suave pero firme, caminando conmigo hacia este momento.

Después vinieron las preguntas, directas y al grano. Preguntas sobre la misión y el trabajo de las Hermanas. ¿Cuáles eran nuestras opiniones? Y luego, finalmente, ¿habíamos notado áreas que fueran motivo de preocupación? ¿Las Hermanas habían sido fieles a su llamado? Todos hablamos de corazón sobre las muchas formas en que la misión no solo estaba viva, sino que prosperaba bajo su liderazgo. La sinceridad de nuestro testimonio era evidente. No veía cómo las visitantes que estaban allí mismo podrían haber entendido mal. Confiábamos en nuestra respuesta.

Posteriormente, las visitantes en cuestión nos agradecieron y dijeron que agradecían nuestros comentarios sobre el buen trabajo de las Hermanas del Verbo Encarnado. Eso fue todo. Afuera, Sor Yolanda y Sor Marinela Flores Talavera, tesorera de la Congregación, nos saludaron y nos invitaron a la Villa Brackenridge para brindar en el ornamentado comedor victoriano.

Caminamos de regreso con las hermanas pasando los nogales y subimos las escaleras hasta la veranda de madera color beige. Al entrar en el fresco vestíbulo de entrada, miré los retratos al óleo barnizado de las primeras Superioras Generales del Verbo Encarnado en la penumbra. Recientemente me enteré de que la Madre St.Pierre le decía "Iggy" a la Madre Ignatius. Al ver los retratos formales, nunca lo hubiera pensado. Iggy me parecía bastante severa.

Nos reunimos en el comedor formal, una obra maestra de madera tallada iluminada por un brillante y elaborado candelabro victoriano de latón. Fue un alivio terminar la entrevista y el ambiente era de celebración mientras servíamos copas de vino. No pasamos mucho tiempo comentando de nuevo la reunión. No había necesidad. Ninguno de nosotros dudaba que las Hermanas y sus ministerios estuvieran en el camino correcto. Fue un final feliz para lo que había comenzado como un día estresante. Y ahora todo lo que podíamos hacer era esperar la respuesta del Vaticano.

El espíritu continuo: somos fieles

La Visita del Vaticano terminó, no con un clímax dramático, sino con un silencio inquietante. Pasaron los años sin una palabra, un silencio salpicado de noticias esporádicas y vagas. Como era de esperar, las hermanas se lo tomaron todo con calma. Las hermanas católicas tienen una larga trayectoria de mantenerse firmes en cuanto a responder a obispos y papas, incluso en ocasiones llamándoles la atención. Las Hermanas habían enviado su respuesta, oraron, recibieron al equipo de investigación y ahora podían concentrarse en sus ministerios y en su trabajo diario. Dado lo ocupadas que suelen estar la mayoría de ellas, tenía sentido poner la Visita en un armario virtual y cerrar la puerta.

La investigación había comenzado bajo el mandato del Papa Benedicto XVI. En 2013, con una nube algodonosa de humo blanco, el Papa Francisco tomó las riendas en el Vaticano. Los vientos habían cambiado y la Visita concluyó. Después de una serie de retrasos, el Vaticano publicó un informe que confirmó lo que las hermanas ya sabían: las Hermanas en los Estados Unidos vivían sus vocaciones con integridad y su trabajo era parte integral de la capacidad de la Iglesia para llevar a cabo su misión. Eran representantes fieles.

Sor Yolanda Tarango era la líder de la Congregación en el tiempo de la Visita y compartió sus opiniones sobre las secuelas de la Visita del Vaticano:

Somos una "congregación pontificia" y en definitiva rendimos cuentas a Roma. Sin embargo, la Visita tuvo un mal comienzo. Primero, el ímpetu fue la suposición de que la vida religiosa, en particular en los Estados Unidos, iba por el camino equivocado y necesitaba ser investigada. También se dio en un momento de crecientes escándalos del clero, lo que llevó a muchos a creer que la intención era desviar la atención hacia las monjas como si fueran ellas el problema.

Muchos de los cambios que habían realizado las mujeres religiosas fueron en respuesta al llamado del Vaticano II para la renovación de la vida religiosa.

> *Las mujeres religiosas habían acogido al Vaticano II y se habían comprometido a implementar sus preceptos plenamente. Sin embargo, hay quienes en la iglesia vieron al Vaticano II como amenaza, y siguen cuestionando los cambios que provocó.*
>
> *Lo que causaba las mayores preocupaciones era nuestra firme postura ante cuestiones de justicia social, la influencia del feminismo y la suposición de Iglesia oficial. Sin embargo, para las mujeres religiosas, los pobres y los que sufren a causa de la injusticia social siempre han sido la prioridad.*
>
> *Otro problema con la Visita fue la forma en que se inició. No fue producto de una colaboración. Se anunció desde los superiores y se impuso sin ningún diálogo. A la Conferencia de Liderazgo de Mujeres Religiosas no se le consultó hasta que se hizo el anuncio.*

Desde el inicio del proceso, Sor Yolanda no estaba preocupada por lo que surgiría como parte de la Visita. El trabajo de las Hermanas estaba firmemente anclado tanto en la misión de la Congregación como en su relación con la Iglesia universal. Participaron en el proceso de la forma más completa posible:

> *En términos de nuestra Congregación, la Visita no nos intimidó realmente por dos razones. En primer lugar, no creíamos que estuviéramos haciendo nada malo. En segundo lugar, podríamos decir de forma inequívoca que habíamos sido fieles, por lo que*

no pensamos que resultaría nada terrible de ello. Intentamos concentrarnos en lo que podíamos ganar con eso. En lugar de estar enojadas y a la defensiva, nuestro enfoque fue considerar cómo podría esto, en realidad beneficiarnos. Y así fue.

Todo el proceso de la Visita, incluso las encuestas y entrevistas, nos unió como Congregación. Acabábamos de eliminar las provincias para crear un solo nivel de gobierno, y aunque las hermanas mexicanas y peruanas no estaban bajo escrutinio, la Visitación nos unió en una reflexión respecto a nuestras vidas como religiosas.

Las hermanas religiosas se estaban volviendo invisibles en la sociedad estadounidense y la Visita les trajo visibilidad. Abrió los ojos de los laicos al ver que todavía estábamos aquí y recibimos un gran apoyo. Las personas que participan en los ministerios que llevamos a cabo con laicos también vinieron a nuestra defensa. La Visita fue más positiva que negativa debido a esta ola de apoyo.

Los católicos comenzaron a cuestionar lo que estaba sucediendo en su Iglesia. Dados los escándalos a los que se enfrentaban sacerdotes y obispos, la gente se inclinaba aún más a apoyar a las hermanas, a quienes consideraban cuestionadas y a la par, el clero desperdiciaba su autoridad moral. Creo que los obispos estadounidenses también lo reconocieron, especialmente a la luz del fuerte apoyo que recibieron las hermanas en los medios. Probablemente esa es una de las razones por las cuales los obispos estadounidenses no se involucraron demasiado en la Visita.

Sor Helena Monahan acababa de terminar su mandato en el liderazgo congregacional cuando comenzó la Visita. Al igual que Sor Yolanda, se centró en los aspectos positivos de la experiencia. Desde su perspectiva, la Visita trajo oportunidades inesperadas para la unidad y el crecimiento espiritual:

Cuando nos enteramos por primera vez de la Visita, estábamos enojadas. Y entre buenas amigas y nosotras mismas expresamos ese enojo y luego seguimos adelante. Yo fui una de las hermanas que fue llamada para escribir las respuestas. Éramos un equipo de ex líderes congregacionales, Sor Dot Ettling, Sor Theresa McGrath, Sor Carol Ann Jokerst y Sor Teresa Stanley. Si bien fue mucho trabajo, en general, fue una experiencia muy positiva.

Las preguntas eran principalmente históricas y se referían a lo que la Congregación había hecho realmente en respuesta al Vaticano II. Eso nos permitió ver cómo habíamos superado los cambios y abordado los desafíos y nos íbamos apoyando mutuamente. Cuando una de nosotras no podía recordar algo, podía. La historia surgió desde diferentes sentidos y perspectivas. El responder a las preguntas impulsó una verdadera colaboración.

Al mismo tiempo, la Conferencia de Liderazgo de Mujeres Religiosas hizo un llamado a un enfoque contemplativo de toda la situación, para no enojarnos sino para responder con nuestra verdad. Confiábamos en que la verdad nos ayudaría a superar el proceso, al igual que la oración. Nos acercamos a esto desde un lugar de oración y paz, así como desde la fe para superarlo.

Esta respuesta verdaderamente contemplativa fue casi una respuesta de estereotipo femenino. No creo que los sacerdotes y los obispos sabían exactamente cómo responder. El milagro resultó ser continuo; nunca nos apartamos del camino. Una vez que las hermanas se encontraron en ese modo contemplativo, fue casi contagioso y pudimos compartirlo entre nosotras. Nos ayudamos mutuamente a permanecer en ese modo de contemplación y oración. Nos volvimos imperturbables. Estábamos todas unidas y nos sentíamos bien, literalmente nos decíamos: "¿Qué nos pueden hacer?"

Mi conversación con Sor Yolanda se centró en lo que las Hermanas del Verbo Encarnado se habían llevado de esta experiencia:

La Visita nos dio la oportunidad de mirarnos a nosotras mismas y reflexionar sobre la vida religiosa en los Estados Unidos. Nos dimos cuenta de cuánto habíamos cambiado; agradecimos esos cambios y concordamos en que no querríamos volver.

Al final, pudimos decir: 'Estos son los cambios que hemos hecho, los hemos hecho de buena fe, estamos agradecidas por ellos y creemos que es aquí donde Dios quiere que sigamos avanzando'. Fue una afirmación de la vida religiosa posterior al Vaticano II y un compromiso de protegerla.

En definitiva, la Visita fue un momento de reflexión para nosotras, una oportunidad de agradecerle a Dios por el Vaticano II. Respondimos de buena fe y seguimos respondiendo de buena fe. Creemos que estamos viviendo la vida religiosa como fuimos llamadas a vivirla y estamos comprometidas a continuar. Esa reafirmación de nuestro compromiso con la vida que compartimos fue un gran momento de unión dentro de nuestra Congregación y entre todas las congregaciones.

Fue importante sobre todo porque ocurrió en un momento en el que la afirmación de la vida religiosa no recibe apoyo por medio de un aumento en el número de vocaciones. De hecho, parte de la razón fundamental de la Visita fue la creencia de que la falta de vocaciones indicaba la existencia de un problema en la vida religiosa. Nuestra creencia es que "Puede ser que no tengamos tantas vocaciones, pero servimos con fidelidad, y si eso significa menos vocaciones, entonces tal vez sea parte del plan de Dios, no del nuestro. Nuestro llamado no es ser productivas; nuestro llamado es ser fieles".

Ese fue el mejor regalo de la Visita, tener la oportunidad de decir que seguimos sirviendo con fidelidad.

Té y tamales:
el momento del perdón

Cada vez que estoy en San Antonio, siempre trato de ir a la capilla. Me detengo para bendecirme con el agua bendita que burbujea en la gran pila bautismal, paso por las puertas interiores y camino por la sillería, de roble tallado que dan al pasillo central por ambos lados. A pesar de ser un gran espacio sagrado inspirado en la tradición monástica, está bien ventilado e iluminado. Las paredes son de colores tenues y las columnas de mármol son de color crema jaspeado de rosa. Los relieves en colores pastel en la parte posterior del santuario muestran escenas de la historia de las hermanas, y flores de Francia y Texas están pintadas en lunetas en los espacios laterales del altar.

No importa el calor que haga en San Antonio, la capilla siempre está fresca. El persistente y místico olor a cera de abejas e incienso se transmite por la ligera brisa que parece estar perpetuamente en movimiento en el espacio sagrado. En los vitrales de los ventanales de la íntima capilla de adoración en el rincón, las flores brillantes que rinden tributo a la herencia de las Hermanas están capturadas en el cristal de colores. Los tréboles de Irlanda están ahí. También lo están los alcatraces de México.

Pero falta una flor. No hay flores de Alemania.

A lo largo de los años, había escuchado que había hermanas de Alemania. Habían trabajado en las cocinas del convento. Eran las hermanas de la costura. Pero pocas de ellas habían recibido títulos avanzados, o enseñado en escuelas o trabajado como enfermeras.

Siempre que preguntaba por las hermanas alemanas, escuchaba historias sobre sus actos de bondad. Invariablemente, la hermana con la que hablaba, expresaba remordimiento y tristeza porque las hermanas alemanas habían experimentado el prejuicio que había prevalecido en los Estados Unidos contra los inmigrantes alemanes durante las Guerras Mundiales. Ese prejuicio, e irónicamente la respuesta a ese prejuicio; la necesidad de proteger a esas hermanas del prejuicio del mundo exterior, marginó a esas hermanas, y sus dones quedaron marginados.

Todos los días nos enfrentamos a los efectos de los prejuicios en nuestro mundo y en la vida diaria. Vivo en St. Louis, y siglos de racismo y prejuicios destrozan nuestra comunidad. Ya sean las hermanas alemanas o las que sufren los efectos del prejuicio y el racismo en Saint

Louis hoy en día, el impacto es ineludible. En este sentido, la vida en una congregación religiosa no es diferente a la vida en el exterior. Una congregación religiosa no se aparta del mundo, y aquellas que ingresan traen consigo su propia visión del mundo y su entendimiento de los demás. Una de las hermanas con una expansiva visión del mundo es Sor Rosa Maria Icaza.

Conocí a Sor Rosie en la Ciudad de México en una reunión sobre la misión congregacional. Me asignaron a su pequeño grupo y yo era la única que no hablaba español. A diferencia de las reuniones congregacionales con más participantes, no se ofreció traducción simultánea con su murmullo tranquilizante que llega a través del auricular. Al principio me esforcé por captar en la conversación una que otra frase suelta, pero después de unas horas, me rendí. No tenía idea de lo que estábamos hablando y comencé a pensar en cuántos días tendría que soportar antes de regresar a St. Louis, donde las re uniones se llevaban a cabo en inglés.

Durante el receso de la reunión, Sor Rosie se sentó conmigo, iniciando de esa manera una amistad que duró hasta su muerte hace unos años. Era un perfecto ejemplo de contrastes. Sor Rosie era menuda, pero sólida. Había vivido en San Antonio durante décadas, pero nunca dejó atrás su herencia mexicana y vasca. Sor Rosie era intelectual, pero también poseía la sabiduría intuitiva de la abuela con arrugas de la risa que enmarcaban sus profundos ojos color marrón. Sor Rosie era amable, pero no era demasiado complaciente. No tenía tiempo para tonterías.

Ya que era completamente bilingüe, comenzó nuestra primera conversación preguntando por mi familia. Me sentía un poco abandonada, pero en minutos me había relajado; las frustraciones de unos minutos antes se habían olvidado. (Su oferta de traducir el resto de las reuniones pudo haber contribuido a eso también).

Mientras charlábamos, habló sobre su propia familia y el haber crecido en México:

En mi casa, mi padre siempre pensó que los Estados Unidos era un país maravilloso. Éramos muy mexicanos por parte de mi madre y nos encantaban los bailes, la comida y la vida familiar mexicana. La familia de mi padre se centraba en la cultura española, sobre todo la vasca. Mi padre vivió un año en Nueva York y creo que por eso le encantaba la puntualidad. El valor del tiempo. Eso era muy importante para él, así que yo ya estaba muy predispuesta a estar en Estados Unidos.

Mi llegada a los Estados Unidos fue en realidad el resultado del error de la secretaria. Cuando era novicia, fuimos el primer grupo que regresó a México de Estados Unidos para terminar nuestro noviciado, después de la persecución religiosa en México. Se tomó la decisión de que al menos dos de nosotras debíamos aprender inglés porque en ese momento todo en la Congregación se hacía en inglés.

Té y tamales: el momento del perdón

Dos hermanas habían estudiado inglés en México y una de ellas se llamaba Rosa Teresa. Cuando la secretaria escribió la carta, solicitó a Rosa María en lugar de Rosa Teresa. No fue hasta que solicitamos las cartas para el pasaporte y visa que descubrieron el error. Las hermanas mexicanas decidieron no enviar a María Teresa por su salud, pero las hermanas de Estados Unidos no querían que yo viniera porque no sabía inglés. Fui a dar clases en una escuela en la ciudad de México. Cuando el Generalato llamó y dijo que, como las hermanas mexicanas no iban a enviar a María Teresa, entonces me llevarían a mí. Todo fue un error, pero después de haber hecho mis votos, estaba lista para hacer lo que Dios quisiera y estaba feliz de venir.

Ese "error" la llevó a formar parte del profesorado de la Universidad del Verbo Encarnado. Sor Rosie jugó un papel decisivo en el establecimiento del Centro Cultural México-Americano y trabajó en el profesorado durante muchos años, educando a miles de personas para que brindaran servicio en el ministerio pastoral de la comunidad hispana. Pero la vida en los Estados Unidos no fue fácil, sobre todo al principio:

Gracias a Dios, siempre he sido muy positiva. Mi primer desafío fue aprender el idioma. La parte de la comida fue difícil. Las costumbres de casa, y al igual mi relación cercana con mi madrina, no eran tan apreciadas aquí. Cuando las hermanas jóvenes se reunían, yo era la única de México. Hablaban de sus experiencias al crecer en Irlanda. No tenía a nadie con quien compartir y lo que llegaba a compartir no tenía ningún significado para ellas. Preparaba el té y fueron muy criticonas con eso porque no lo hacía como ellas.

Pequeñas cosas como esas se van sumando. Fue difícil.

La Congregación está en el mundo y refleja el mundo. Quiero decir, algunas personas te preguntarán si comes tamales todas las mañanas. Las películas y lacultura popular presentan a los mexicanos como sucios y vagos. No somos así.

Algunas personas me dicen que no parezco mexicana y yo les digo: "Bueno, ¿cómo se supone que debo verme?" Es solo una falta de conocimiento y prejuicios. Creo que cuanto más intercambiemos, mejores seremos. Necesitamos aprender el idioma de los demás y necesitamos aprender los valores de los demás. Probablemente nos demos cuenta que tenemos los mismos valores, pero quizás no las mismas prioridades. Vemos las cosas de manera diferente.

He examinado mi propio prejuicio. Cuando comencé a enseñar era muy estricta y a veces, según me dicen, no era demasiado buena gente. Veía todo desde mi propia perspectiva, que fue formada por lo que había aprendido. No entendía, por ejemplo, a las hermanas mexicoamericanas, porque cuando yo era niña en México, considerábamos a los

Té y tamales: el momento del perdón

mexicoamericanos 'espaldas mojadas' que habían cruzado el Río Bravo hacia Texas y que no tenían nada de modales. He aprendido de ellas y me doy cuenta de que son personas de gran perseverancia, con un gran amor por su propia cultura y un gran amor por su propia espiritualidad.

Su español no es el mismo que el mío. Fui muy dura con ellas, porque en su idioma mezclaban español e inglés cuando hablaban. Finalmente me di cuenta de que hablar es comunicar, y si me comunico en ambos idiomas, ¿por qué no? También aprendí a apreciar que han conservado algunas de las expresiones del español del siglo XVI.

Mi amor por ellas creció y creo que de eso se trata. Estar abierta, aprender cosas diferentes, apreciar la variedad y las diferencias, aprender que hay más deuna manera de caminar por la vida.

A lo largo de los años con las hermanas, ha habido momentos en los que los prejuicios que Sor Rosie comentaba surgían en comentarios casuales y pequeños momentos que ilustran las luchas a las que la Congregación y el mundo todavía enfrentan. Momentos como el de una ex hermana que me dijo que la razón por la que una escuela primaria católica hispana lucha por permanecer abierta es porque "no valoran la educación", cuando en realidad es porque el costo de la colegiatura está fuera del alcance de muchas familias. Pienso en una hermana mexicana que recuerda el momento en que fue nombrada miembro de la junta directiva de una institución, y una hermana no hispana de los Estados Unidos comentó que debería "vestirse apropiadamente".

Tal como me lo dijo una hermana mexicoamericana recientemente:

> *Sí, hubo discriminación en la Congregación hacia las mujeres mexicoamericanas e hispanas. Recuerdo que cuando era una hermana joven, las hermanas mayores hacían todo lo posible para alentar a las hermanas más jóvenes anglosajonas e irlandesas para que las acompañaran en la misión y la carrera. Recuerdo que a mí me ignoraban.*
>
> *Sí, dolió, aunque encontré una manera de apoyar a las que habían sido elegidas. También noté que repetidamente pequeños grupos de mexicoamericanas entraban a la Congregación y luego se salían. Recuerdo que una hermana amiga me dijo en una conversación: "Hermana, creo que es bastante inconsciente de parte de ellas. Usted viene de una familia privilegiada, bienvenida al mundo real".*
>
> *Sí, tuve que luchar en particular por mi ministerio y educación. Se suponía que no éramos inteligentes. Creo que fue inconsciente por parte de las hermanas, aunque en ese momento pensé que había algunas malas personas en la Congregación. Lo más doloroso para mí fue que parecían no saber mi nombre. Nos confundían y todo lo que podíamos hacer era reírnos de ello para ocultar la ira y el dolor. Aunque esto*

ocurría solamente con algunas de las hermanas, aprendí que necesitaba buscar a otras hermanas que parecían sí comprender. La conexión para mí fue, y es, el fundamento profundamente espiritual del Verbo Encarnado que encontré en mí y en las demás. Y hubo algunas hermanas de la paz y la justicia que marcaron una gran diferencia en mi vida.

He reflexionado sobre mis propios puntos de vista, lo que me enseñaron en la escuela, y cómo es que vivir en St. Louis ha forjado mis actitudes y prejuicios. Trabajar con una congregación multicultural es una oportunidad maravillosa para confrontar esos prejuicios, reconocerlos, examinarlos y desecharlos. Pienso en cómo fue que en la escuela secundaria nos dijeron que estudiar español era para las alumnas promedio de "8", y que las alumnas de "dieces" y "nueves" elegían el francés o el latín. Recuerdo a Sor Rosie y cómo podía comunicarse sin esfuerzo en dos idiomas, y lo absolutamente inútil que era mi conocimiento del francés (el cual, en total es preguntar: "¿Dónde está la biblioteca?") en las reuniones congregacionales. ¿Cómo sigue repercutiendo la denigración de otra cultura, como efecto dominó? ¿Qué otras suposiciones surgen de eso? ¿Cómo va creando una suposición de superioridad? ¿Qué ganamos al dejar de lado los viejos paradigmas y prejuicios y abrirnos a la hermosa realidad de la diversidad de la experiencia humana, al abrirnos a la Encarnación?

Como dijo Sor Rosie:

Cuando las superioras aquí decidieron que en lugar de aprender inglés y regresar, debía obtener mi título en español, quedarme en San Antonio y enseñar español, fue un gran cambio de dirección. Nuestro carisma, encarnar el amor de Dios, es estar abierta a la voluntad de Dios. La Encarnación se revela en los seres humanos y en los eventos que suceden en tu vida. Ahí es donde está Dios. Esa es la forma en que yo lo veía. Hubo tiempos difíciles en los que experimenté prejuicios y me sentí sola. Ahí es cuando debemos examinar nuestra respuesta y a nosotras mismas.

Podemos cambiarnos a nosotras mismas. No podemos cambiar a los demás. Podemos darles la oportunidad de cambiar, pero ellos tienen que tomar la decisión. E incluso cuando es difícil, les perdonamos.

Y con ese perdón llega algo importante.

La paz interior.

Ensanchar el espacio de la tienda: dándoles la bienvenida a los laicos

La vida de una congregación religiosa es una historia de renovación continua. Las Hermanas poseen un agudo sentido que les permite responder a las necesidades de los tiempos actuales y la sabiduría del pasado les advierte del trabajo necesario para el futuro. Quizás sea la intervención del Espíritu Santo, pero parece que cuando se necesitan nuevas habilidades, una mujer se presenta para responder al llamado.

Conocí a Sor Miriam Bannon hace dos décadas, antes de que ella ingresara a la Congregación. Era misionera y trabajaba con las Hermanas. Siendo irlandesa, aporta intensidad y un enfoque láser a cualquier proyecto. Sor Miriam ha dedicado su vida a la justicia social para los pobres y los marginados. De cabello corto y rizado color sal y pimienta, ojos afilados y el acento ligero que tiene su inglés, su herencia se refleja en su amor por el diálogo y el debate sobre los temas cotidianos.

Por lo general, cuando la veía en una reunión, estaba trabajando con la comunidad latinx. A través de los años, llegó a ser bilingüe, lo que le permitió moverse fácilmente entre culturas y trabajar en solidaridad con inmigrantes y trabajadores migrantes.

Hace varios años, Sor Miriam decidió ingresar a la Congregación. Hablamos poco antes de que hiciera sus votos temporales:

Mi entrada a la Congregación no fue la habitual. Para mí, la tienda se ensanchó cuando las Hermanas tomaron la decisión de tener opción preferencial por los pobres en la década de 1980. Yo me había centrado en la necesidad de trabajar con personas marginadas. Era una época turbulenta. El arzobispo Oscar Romero había sido asesinado en El Salvador y Nelson Mandela había sido encarcelado en un régimen de aislamiento. Todo esto tuvo un impacto en las personas de fe en Irlanda y todo lo cuestionábamos. Caminé por las calles de Dublín hasta la embajada estadounidense en manifestación de protesta por el asesinato del arzobispo Romero. Estábamos llenos de energía y nos dedicábamos a los temas de justicia que eran de importancia para el arzobispo.

No sabía nada sobre las Hermanas del Verbo Encarnado, pero luego tuve la oportunidad de reunirme con Sor Teresa Stanley y eso coincidió con mi creciente interés en la teología de la liberación y la labor misionera. Sin embargo, al mismo tiempo, uno ve que hay un movimiento más grande hacia la justicia social. Uno se da cuenta que hay personas quienes están orientadas hacia la justicia y la centran en sus vidas, desde la perspectiva de la fe. En Irlanda, hay un grupo llamado Viatores Christi. Suena conservador, pero en realidad no lo es. Más bien, pusieron en acción la teología de la liberación.

Viatores Christi y la Congregación me inspiraron a convertirme en misionera laica. Comencé con un compromiso de tres años. Cuando regresé a Irlanda, sabía que el Verbo Encarnado era el lugar al que pertenecía. Le escribí a la Congregación y dije: "Me interesa servir a largo plazo como misionera laica de tiempo completo". Eso planteó preguntas interesantes.

¿Podían las laicas vivir y trabajar con las Hermanas del Verbo Encarnado? ¿Podían las laicas enfocadas en la justicia social trabajar dentro de la Iglesia institucional? En ese entonces en la iglesia, si te centrabas en los sacramentos y la liturgia ibas bien, pero si te centrabas en la justicia social, todo cambiaba. Amigas mías de Viatores Christi salían a Chile a las calles en huelga de hambre o en las marchas de gente que buscaba justicia. Este era tema preocupante para la Iglesia institucional y a veces para las Hermanas (no necesariamente debido al

enfoque de la justicia social, sino por el riesgo que corrían los misioneros laicos).

Después de escuchar la historia de nuestras Hermanas, decidí que trabajaría con pastoral popular, lo que significaba trabajar en las márgenes con los pobres. Me uní a las luchas de las hermanas por la independencia económica dentro de Pastoral Popular. Como misionera laica, me veía a mí misma como un puente entre laicos y religiosas, y pensé que la mejor manera de avanzar no era tanto el hablar de eso, sino estar inmersa en la situación y ser un elemento reconciliatorio. Toda mi energía se dedicó a construir relaciones dentro de la Iglesia, incluso con aquellos con puntos de vista muy opuestos.

Todavía sostengo hasta el día de hoy que hay un gran número de personas apasionadas a favor de una fe que obra a favor de la justicia. Y que el camino a seguir es trabajar en conjunto y reflejar al Cristo que vemos en ellos, reflejar el compromiso que vemos en ellos. No hace falta crear el compromiso, más bien, reflejarlo y mostrar lo ya existe allí, lo que ya está dentro de ellos.

Sor Miriam sirvió como misionera a largo plazo durante décadas con las Hermanas del Verbo Encarnado hasta que el programa terminó. Y luego tuvo que tomar una decisión:

Bien, eso me lleva ahora al día de hoy. Cuando las Hermanas decidieron que cerraríamos el programa de misiones a largo plazo dijeron: "Puedes quedarte como laica-misionera o puedes irte. Depende de ti". Al principio decidí quedarme unos 18 meses, pero me di cuenta de que no se trataba solo de hacer algo; se trataba de hacer algo juntas. Me había comprometido con las Hermanas del Verbo Encarnado y quería ser fiel a ese viaje. Me hubiera sentido arrogante si sencillamente me fuera. Yo era más de sentarme, tomar una copa de vino y compartir historias. Visionarias como Sor Dot Ettling y Sor María Luisa Vélez habían abierto la Congregación a una dimensión laical y habían creado un camino para que los laicos misioneros acogieran tanto la espiritualidad como la misión. Decidí: "O hacemos esto juntas o no lohacemos en lo absoluto".

Cuando entré en la estructura estricta del pre-noviciado y el noviciado, aprendí cosas desde adentro y cómo se definen las hermanas ellas mismas, pero me di cuenta de que durante los últimos 40 años, la vida religiosa había cambiado dramáticamente. De verdad se trata de caminar juntas, en un viaje.

La teóloga Sor Sandra Schneiders, IHM, señalatres tendencias o motivaciones principales para la vida religiosa. Una es la espiritualidad; todo lo que tiene que ver con tu relación con Dios. Otra es la comunidad; querer trabajar juntos. Y la tercera es lamisión.

Nuestras hermanas integran las tres motivaciones, aunque a menudo una tendencia pareciera dominar dependiendo de cada hermana. Obvio que las misioneras se sintieron atraídas por la dimensión misionera, y las y los asociados laicos por la espiritualidad. El carisma de la Encarnación conduce al aspecto comunitario. Las tres tendencias son importantes. El aspecto de la misión es el que me atrajo al principio, pero he ido observando la importancia de las demás.

A medida que seguíamos hablando, Sor Miriam me iba dejando con una reflexión sobre el futuro:

Al mirar hacia el futuro, sé que hay una tienda más grande y todos nos estamos dando cuenta rápidamente de la existencia de ella. La tienda más amplia incorpora todo el movimiento en el mundo hacia cuidar de la creación, cuidar del medio ambiente, hacia la justicia social, hacia la unidad entre denominaciones, hacia las personas de fe de todas las religiones que se unen y que se relacionan. En cierto momento, creo que se nos pedirá que dejemos nuestra tienda y nos unamos bajo una diferente.

Veo que la tienda se ensancha según la amplitud de la colaboración laica. Las cosas seguirán siendo diferentes, pero me sentiré increíblemente bien con la misión.

Ensanchar el espacio de la tienda: dándoles la bienvenida a los laicos

"Ensancha el espacio de tu tienda, sin demora despliega tus toldos, alarga tus cuerdas y refuerza tus estacas"
Isaías 54

Yo también he experimentado ese ensanchamiento de la tienda. Cuando se trabaja en un proyecto es fácil pensar que puedes hacerlo todo tú misma. ¿Cuántas veces alguna de nosotras ha dicho: "Lo haré yo sola". Sin embargo, cuando pienso en los proyectos más exitosos que la Fundación del Verbo Encarnado ha emprendido: STL Youth Jobs (empleos para jóvenes en St. Louis, Missouri), St. Joseph Housing Initiative (iniciativa de vivienda), Art Place (lugar del arte), Aging Out of Fostercare (servicios de apoyo para niños y jóvenes quienes están en familias temporales): en todos estos casos, al ensanchar la tienda, el proyecto cobró una nueva vida. El trabajo fue mucho mejor y la misión se cumplió mucho más rápidamente. Otras aportan nuevos conocimientos, una percepción diferente y se forjan nuevas relaciones. Esas relaciones ofrecen creatividad para responder a los desafíos, conciencia para poder adaptar el proyecto a las necesidades de los beneficiarios y aliento cuando uno se siente cansada y se quiere rendir.

A mí, las Hermanas me habían dejado entrar a su tienda una y otra vez. A veces de formas obvias, cuando comencé en la Fundación o me invitaron a formar parte del comité de un proyecto congregacional. Otras veces, la tienda se ampliaba de manera más sutil, cuando Sor Dot me invitó a quedarme en su casa en lugar de estar sola en la Casa del Generalato, o cuando Sor Rosa María Icaza compartió los recuerdos de su familia y su herencia vasca. La invitación abierta requiere el valor de revelarte a ti misma y a cambio, libera, porque ya no estás sola. Eres parte de una comunidad dentro de una tienda abierta, a la espera de que otras y otros entren.

Jeremías me llama: vivir una Mantra

Sor Mary T. Phelan es una de las muchas hermanas irlandesas que hay en la Congregación. Es tranquila y centrada, y habla el inglés con el típico acento irlandés. Su espíritu resuelto supera los dolores de espalda que la atormentan y limitan su estilo activo de vida y su trabajo pastoral. Es bondadosa, pero al igual, fuerte y pragmática. Tiene el don de integrar la Sagrada Escritura con sus palabras y su vida. Cuando estás con ella, sabes que la vida la ve como una bendición.

Siempre que hablamos, invariablemente menciona un versículo del Libro de Jeremías:

"Antes de formarte en el seno de tu madre, ya te conocía; antes de que tú nacieras, yo te consagré"
Jeremías 1:5

Dice: "Esta es la música de fondo especial que traigo siempre en mente". Es su mantra personal.

Fui a verla para almorzar con ella en la cafetería de La Villa, la casa de jubilación de las hermanas. El pequeño restaurante me recordó el vestíbulo del Hotel La Quinta, con sus baldosas de color tierra claro y sus pequeños conjuntos de mesas para tomar café con sus sillas correspondientes. En su juventud, Sor Mary T. había sido una mujer alta e imponente, y cuando se acercaba encorvada con su caminadora con una chaqueta de color rojo brillante, se percibía en su rostro el dolor que le causaban perennes problemas de espalda. Pero es resuelta y decidida, así que con actitud realista, restó importancia a mis preocupaciones y empezó a recordar:

Después de graduarme, durante 12 años, presté servicio como maestra en una escuela primaria católica en la zona oeste de San Antonio, impartí clases otros tres años, dediqué los siguientes 25 al ministerio parroquial mientras también trabajaba para la Congregación en promover las vocaciones. De manera providencial, mi experiencia parroquial fue en parroquias hispanas tanto en San Antonio como en el Valle del Río Grande, en la frontera entre Texas y México. Marcó una gran diferencia en mi vida y sentí que ese era mi llamado.

En la reunión de las Hermanas del Capítulo General de 1984, nos volvimos más conscientes de las necesidades de las mujeres y los niños. Las decisiones que nacieron de esa reunión nos llevaron a oportunidades de trabajar en ministerios en áreas de bajos recursos.

En esa reunión, adoptamos formalmente la opción preferencial por los pobres. Como resultado, muchas de las hermanas eligieron no solo trabajar en los ministerios de la Congregación, sino también en las parroquias, en proyectos a favor de la paz y la justicia y en muchas otras formas de pastoral. Reconocimos la necesidad de ser solidarias con los pobres, quienes no tenían nadie que hablara por ellos. Muchas hermanas trabajaron a favor de ellos. Asistieron a reuniones y a protestas para oponerse al mal trato que se da a los inmigrantes que cruzan la frontera hacia Estados Unidos. Hemos trabajado en Internet y en persona.

Muchas hermanas también trabajaron en silencio por sí mismas, pero nunca se jactaban de lo que estaban haciendo. Para responder a este nuevo llamado, en Estados Unidos fundamos nuevos ministerios: La Casa de la Visitación, El Puente y Women's Global Connection, entre otros. Y yo encontré mi llamado en el trabajo parroquial. En ocasiones, mientras me dedicaba a ese trabajo, no pude apoyar a la Congregación en el aspecto financiero, lo cual siempre causa preocupación. Pero nuestro equipo de liderazgo me otorgó su permiso tácito para vivir el carisma de esa forma.

Cuando trabajé en la parroquia, con frecuencia trabajaba con adolescentes. Recuerdo que preparaba a las chicas para celebrar sus quince años, que es una tradición latina en la que las chicas tienen una ceremonia en la iglesia. El párroco me delegó esta responsabilidad. La celebración es, en cierta forma, como una boda. Asisten quince jovencitas y quince muchachos. Toda la ceremonia dura como una hora e incluye cantos, lecturas de la Sagrada Escritura y bendiciones. En una sección en particular, utilizaba yo el versículo del Libro de Jeremías:

"Dios dijo, antes de formarte en el seno de tu madre, ya te conocía; antes de que tú nacieras, yo te consagré".
Jeremías 1:5

Utilizaba esta cita para animar a las chicas para que vieran cómo 'Antes de que tú nacieras, incluso antes de que tus padres se conocieran, Dios soñaba contigo'.

Y cuanto más meditaba yo en eso: "Desde antes de formarte en el seno de tu madre, ya te conocía; antes de que tú nacieras, yo te consagré", más se volvió mi mantra personal. Luego llegaron las preguntas: ¿Para qué estoy consagrada? ¿Para qué me ha soñado Dios? Me llegó esta respuesta: Para lo que Dios quiere hacer.

¿Y cómo descubro eso, lo que quiere hacer Dios? Se puede encontrar la respuesta en la Sagrada Escritura, en la carta de San Pablo a los Corintios:

'Dios es amor. El amor es paciente'. Muy bien. Hay amor cuando soy paciente. Hay amor cuando soy bondadosa. Hay amor cuando no se me suben los humos, y así sucesivamente. Son reconfortantes; los objetivos de Dios. ¿Pero dónde encuentro la fuerza para llevarlos a cabo? Y luego me llega la respuesta: encuentro la fuerza en la comunidad.

La fuerza viene de pertenecer a una comunidad que se preocupa por los demás, una comunidad que ama.

Recibo fuerza de la comunidad los domingos cuando nos reunimos a orar, cuando todos los miembros de la comunidad se acercan al altar, extienden las manos y reciben la comunión. Recibimos la Eucaristía, el alimento de Dios que nos nutre. Siento que así es cómo nos nutrimos y recibimos la fuerza para llevar a cabo los planes de Dios.

Al estar consciente de que hablaba con adolescentes y con la esperanza de que la ceremonia causara un impacto, animaba a las chicas y a sus padres a ver la Misa dominical en comunidad como el lugar donde encontrarían amistad y aceptación.

Ahora, tengo ya varios años en nuestra casa de jubilación, la Villa del Verbo Encarnado. Esta mantra: "Antes de formarte en el seno de tu madre, ya te conocía; antes de que tú nacieras, yo te consagré", me ayuda a encontrarle sentido al que se hayan reducido mis actividades hoy día.

Por supuesto hay días en que me siento frustrada. Una de nuestras queridas hermanas estaba caminando por el corredor el otro día y me dijo: "¡Enderézate!". Esa hermana tiene 93 años de edad. Sin parpadear le dije: "Hermana, estoy en agonía. No necesito que me digas esto en este momento."

Así me salió. Sé que nos respetamos, pero hubiera sido mejor si ella no lo hubiera expresado de esa forma y si yo no hubiera respondido como lo hice. La bendición fue que no tuviéramos que pedirnos perdón. Solo nos reímos, seguimos adelante y hablamos de la hermosa puesta del sol y compartimos un momento que no tenía nada que ver con nuestras limitaciones.

No uso la palabra "discapacitada" o "minusválida". Solo uso la palabra "limitada". Estoy limitada en lo que puedo hacer ahora que vivo en el centro de jubilación. Una de mis terapeutas jóvenes me explicó que sin importar cuál sea tu nivel de habilidad o de limitación, sigues contribuyendo a lo largo de toda tu vida. Y yo sigo buscando la forma en la que voy a contribuir.

Existe toda una espiritualidad de disminución y limitación que deseo explorar. En ocasiones no queremos que se vea que tenemos limitaciones. Tal vez yo no parezca tener ninguna limitación, pero existen. El médico se preocupa por la posibilidad de que yo me vaya inclinando más hacia el suelo. Esta es su preocupación, que me parece interesante; a mí nunca se me había ocurrido. Solo pienso en seguir adelante y pararme quizás un poquito más derecho mañana y al paso del tiempo poder enderezarme aún más. Simplemente es una cruz terrible que tengo que sufrir en este momento.

Después supe que Sor Mary T. había estado en comunicación con una amiga mía que padecía de problemas similares con su espalda; le ofreció oraciones y le dio ánimos para ayudarla en ese periodo difícil. Seguía dedicada, seguía siendo parte del programa de Dios, un programa de amor.

Sor Mary T. concluyó con estas palabras: "Alguien me dijo el otro día que existe una espiritualidad que se relaciona con el equilibrio, un equilibrio inherente en este mundo. Siempre habrá algunas personas que estén bien y algunas personas que no lo estén. Así está hecho el mundo, hay ciertas cosas relacionadas con ese equilibrio que tienen que suceder. Simplemente es interesante. Me gustaría explorar esa idea".

Y yo le dije a Sor Mary T. que a mí me gustaría que ella estuviera del lado positivo de la balanza, del lado de las personas que están bien.

"Exactamente", dijo ella con una sonrisa.

Aguas profundas: la vida interior

Me relajaba en el porche de piedra de la casa de mi hija en Nashville. El señor Gypsy, gato atigrado gris y negro del vecindario, se encontraba en mi regazo disfrutando del sol de principios de otoño. No soy muy aficionada a los gatos. Los perros son mi máximo amor, pero había algo en el señor Gypsy que era irresistible. Es un gato contento. Se recostaba en mi regazo mientras yo le rascaba las orejas. Entonces sonó mi teléfono, era Sor Tere Maya con malas noticias.

Mi amiga, Sor Dot Etling, había sufrido una apoplejía. Había estado sola en su casa mientras Sor Neomi se recuperaba de una fractura de la cadera en el centro de rehabilitación y ahora estaba en el hospital. Llamarían en cuanto supieran más. Era difícil creerlo. Yo había estado en San Antonio unas semanas antes y Sor Dot estaba preocupada por la fragilidad de Sor Neomi, no la propia. Incluso me había llamado al salir de la ciudad para confirmar que yo iba a llevar a Sor Neomi a reemplazar su teléfono celular para que no estuviera aislada mientras Sor Dot se encontraba fuera.

Nunca se me ocurrió que Sor Dot, que siempre andaba a mil por hora entre la enseñanza, dirigir tesis, viajes a Colombia para CHRISTUS y el inicio de su nuevo trabajo en el Centro para el Liderazgo Mundial de la Universidad del Verbo Encarnado, sufriría una apoplejía.

Luego llamó Sor Mary Kay McKenzie. Ella Conocía a Sor Dot desde el kinder. Habían asistido juntas a la Academia del Verbo Encarnado y luego al convento. Ninguna de nosotras podíamos comprender lo que estaba sucediendo. Yo sabía que Sor Helena Monahan, otra de las compañeras de clase de Sor Dot en la Academia, estaba en San Antonio y decidí llamarle.

Resulta que estaba con Sor Dot en su habitación del hospital. Parecía haber buenas noticias. Sor Dot se recuperaría y quería hablar conmigo. Le pregunté cómo estaba y, aunque arrastraba un poco las palabras, me dijo que estaría bien. Habló un poco acerca de una reunión a la que planeaba asistir en Heidelberg, Alemania para la Universidad del Verbo Encarnado y que tendría que cambiar su vuelo del martes al miércoles de la próxima semana. Pensé que sería poco probable que los médicosle permitieran ir a Heidelberg, pero no lo dije.

Luego Sor Dot dirigió la conversación hacia mí y me preguntó cómo iban las cosas en Ferguson, Missouri. Michael Brown había sido asesinado allí por un oficial de policía sólo un mes antes y dominaban los medios las noticias de St. Louis a medida que la gente salía a las calles para manifestarse en contra de la muerte de Brown y el racismo que había estado infectando a St. Louis durante décadas. Dado que Sor Dot se había criado en St. Louis, le interesaba profundamente el tema. No hablamos mucho porque ella necesitaba descansar. Después de colgar, me sentí muy aliviada porque pensé que estaría bien. Posiblemente tendría que reducir la velocidad a la que iba, y eso sería difícil, pero al menos estaría bien.

Estaba equivocada. El mismo día de esa conversación, Sor Dot sufrió otra apoplejía masiva. Murió una semana después. Las hermanas estaban desoladas y yo también. Varias de las hermanas habían conocido a Sor Dot desde la infancia o habían sido compañeras en la preparatoria. Tenía un carácter carismático de visionaria y perderla no fue sólo una pérdida personal para las hermanas, sino también un golpe para la propia Congregación, ya que brindaba tanta sabiduría y orientación a la dirección general de la Congregación.

Había estado con Sor Dot en la casa de Bretton Ridge aproximadamente un mes antes y tuvimos una larga conversación.

Siempre defendía las asociaciones con laicos y que todos tenían una vocación. Pero esa vez, nuestra conversación profundizó más al describir ella el significado de la vocación, no sólo para las hermanas, sino también para las personas que se sienten atraídas a trabajar en el ministerio.

Siempre vuelvo al principio. ¿Cuál fue la inspiración? ¿Qué guio todo esto? Sólo puedo hablar de los 140 años que hemos existido; lo que inspiró a nuestras Hermanas y los ministerios que emanan de la vida religiosa. Obviamente, parte de eso siempre fue el deseo de servir y, no quiero caer en lugares comunes, pero también hacer del mundo un lugar mejor.

Siempre vuelvo a Juan 10:10, "He venido para que tengan vida y la tengan en plenitud". Para mí, esa es la historia de la creación y la historia de Jesús. Todos fuimos creados para tener una vida plena, una vida humana. La vida religiosa es el sentir de la gente de que este es su llamado, una forma de responder a Dios. Entonces vieron que podían hacer cosas que permitirían a otras personas tener la misma experiencia. En pocas palabras, para servir o hacer del mundo un lugar mejor o crear más justicia.

Llegué a la vida religiosa porque sentí que era una forma de acercarme a Dios, sentía una especie de anhelo por ello. Y luego la segunda parte fue poder servir de alguna manera. Yo sí tenía el deseo de mejorar las situaciones de las personas que habían sido excluidas o que no tuvieron oportunidades. Desde muy joven eso me fue inculcado: cuidar al que no se le atendía. Todas esas cosas, de una manera muy idealista, habrían llevado a muchas de nosotras a unirnos a la vida religiosa.

Y mi sospecha es que eso no es nada distinto en la actualidad, que tú y todas las otras personas que estánasociadas con nosotras anhelan a Dios o desean seguir a Dios o ser más espirituales. Tal vez ni siquiera sepan cómo hablar de eso, pero las personas que trabajan con nosotros quieren ser mejores personas. En segundo lugar, creo que quieren ver que haya más personas gozando de una mejor vida o una vida más justa o unavida más pacífica. La motivación es la misma para nosotras que para los laicos que se sienten atraídos hacia nosotras o se sienten atraídos hacia la misión con nosotras.

Al continuar con sus reflexiones, Sor Dot compartió sus pensamientos sobre el anhelo que tenemos por gozar de una vida interior para tener conexiones espirituales más profundas y relaciones significativas.

Así que si traduzco eso en la actualidad, creo que la gente de hoy anhela las mismas cosas. La oportunidad de tener una vida interior más profunda, de sentir y experimentar una conexión con lo que creen que es su ser interior, su centro. Algunos lo llamarían una conexión con Dios, otros lo llamarían la oportunidad de crecer espiritualmente.

Con ese mismo desarrollo de una vida interior que nos nutrió cuando comenzamos, tenemos que buscar formas de nutrir a las personas que llegan a servir en nuestros ministerios. Así que no se trata sólo de "ven y haz buenas obras" o "ven y trabaja sobre la justicia" o "ven a ayudar a las personas marginadas", aunque creo que eso es muy real, también se trata de "ven y crece tú mismo para volverte una persona espiritual más profunda, ven y conoce a Dios de una manera másprofunda, ven y conoce la belleza de Dios dentro de ti, de una manera más profunda".

Creo que eso es cierto incluso para los jóvenes de hoy, todos lo anhelamos. Probablemente tuvimos más oportunidades como jóvenes hace años de desarrollar una vida interior que los jóvenes de hoy. Yo no vivía en un mundo de constante ruido y distracción. Obviamente no estaba viviendo en un mundo tranquilo con reflexión y silencio todo el tiempo, pero tenía momentos de eso, tuve tiempos de eso y así experimenté la diferencia. No creo que muchos jóvenes de hoy ni siquiera sepan lo que eso significa. Es difícil acercarse espiritualmente sin tener ninguna oportunidad de hacerlo.

Una de las cosas que no podemos perder de vista es la profunda formación que tuvieron las hermanas, el desarrollo de esa vida interior. Y sea lo que eso signifique actualmente, tenemos que encontrar cómo se puede traducir al mundo actual. Tenemos que traer eso a la vida actual. Pero no podemos hacer nada sin que participe la gente. No se puede hacer por ellos, no se puede planificar y luego decir, "Aquí lo tienes". Tienen que ser partícipes en esa creación. Si se tiene voz en el asunto, después de la experiencia, querrán que ocurra de nuevo. Por lo menos eso es lo que he visto.

Necesitamos incorporar lo que se podría llamar, a falta de mejores palabras, "la capacidad de reflexión" o "la posibilidad de reflexión" respecto a lo que está sucediendo en mi vida. Si tuve tal experiencia, ¿qué significó para mí? Ya sea para acercarse a la gente o, si es un momento de oración o un momento de silencio, un momento para escuchar algo, o ver un video, es la oportunidad de preguntarse a sí mismo, «¿Qué significa esto en mi vida?» Debemos construir e incorporar esas oportunidades porque no ocurren naturalmente para las personas de hoy. Pasamos de una cosa a otra.

La televisión es un ejemplo perfecto. La idea es que tener más información te va a cambiar. Creo que lo que sabemos ahora es que más información no te transforma. Más información, sin reflexión ni integración, no es útil. No es integradora, realmente no te hace avanzar hacia una nueva comprensión. Sí, es posible que personas muy intuitivas y brillantes puedan lograrlo sobre la marcha, pero en general hace falta practicar. La reflexión es una habilidad y un arte.

Necesitamos construir oportunidades concretas en las cuales las personas tengan la experiencia de reflexionar juntos, de aprender juntos, de ser sacados de su zona de confort, tal vez a un nuevo lugar, un nuevo compromiso, una nueva experiencia, incluso algo con lo que quizás no estén de acuerdo o por lo que tal vez sientan aversión. Al hacerlo, debemos brindar esas oportunidades de manera que haya un elemento de seguridad, un elemento enriquecedor y un elemento de compañía. La idea es que exista una oportunidad para un desarrollo más profundo como persona.

Nuestro carisma claramente está construido sobre la importancia de la relación, la importancia de reconocer que tenemos un encuentro aquí y que ese encuentro es increíblemente valioso. Ese encuentro debe ser atesorado. Por eso es tan importante para nosotros participar en temas de salud y educación, solamente porque son motivo y momento de encuentro. Esos son momentos reales en los que las personas viven un intercambio. Cuando aprendemos juntos y descubrimos juntos, eso es lo que creo que es la educación, ver algo más profundo juntos. Y también cuando somos vulnerables, y cuando existe algún problema de salud, somos muy vulnerables, esos son momentos en los que las relaciones son realmente importantes.

También es importante darse cuenta de lo que significa ser humano. El ser humano tiene el impulso de buscar el éxito. No hay nada de malo en eso. Hay un impulso humano de desempeñarse y hay un impulso humano de amar. Son experiencias humanas básicas y necesitamos estar presentes para las personas que las están viviendo. Ya sea dolor o alegría, ambas son experiencias humanas reales. Valorar lo que significa ser humano y cómo se desarrolla uno como ser humano es parte de nuestra espiritualidad de la Encarnación.

Yo tenía reuniones al día siguiente y Sor Dot también, por lo que decidimos concluir la noche. Cerró la conversación con lo siguiente:

Nos volveremos a ver. Eso es algo bueno, Bridget, tenemos buenas visitas. Lo apreciamos y también nos gusta, así que no es algo unilateral, lo sabes. Y es parte de la relación, parte del don, de pertenecer a como lo llamemos: la comunidad, la Congregación. Eso es lo que deseamos para cada persona en todos los ministerios, que tengamos cada vez más una experiencia de "estamos juntos en esto", ¿sabes a qué me refiero? Porque, francamente, nadie está destinado a vivir aislado, quiero decir, si hemos aprendido algo de la evolución, eso hemos aprendido. Debimos haberlo aprendido del Evangelio, pero francamente, también lo hemos aprendido de la ciencia.

Después de la muerte de Sor Dot, me enteré que nunca más me quedaría en la casa de Bretton Ridge. Sor Neomi ya no podía vivir por sí sola y se mudaría a la Villa en el Verbo Encarnado donde podía estar con otras hermanas. La gatita, la señorita Kitty, encontró un hogar en Austin y yo me quedaría en el Generalato la próxima vez que viniera a San Antonio, que es donde había comenzado.

Sin embargo, nunca volvemos realmente al sitio donde comenzamos.

Después de estos sucesos, tuve un nuevo aprecio por lo que las hermanas querían decir cuando hablaban de las relaciones y de la presencia; de ver a Dios en otras personas y en nuestras interacciones. Porque a pesar de su intensa tristeza, se tomaron el tiempo para acercarse a mí y estar presentes. Juntas estuvimos de luto y en meses posteriores parecía que cada vez que me topaba con una hermana, compartimos momentos en los que hablamos, recordamos, reímos y lloramos.

Estamos en vigilia en esta oscuridad. El alba llegará, no puede apresurarse. Este es el tiempo de Dios. La fe disipará lentamente a la oscuridad. Las respuestas de Dios llegan delicadamente, como la sonrisa y el ánimo de Dot, como su presencia entre nosotros.
—Sor Tere Maya

Confianza en Dios:Solidaridad en Perú

En respuesta al espíritu del Concilio Vaticano II, las Hermanas decidieron embarcarse en un ministerio nuevo en Perú. Han estado ahí durante más de 50 años en épocas de paz y en épocas de disturbios sociales. Mis conocimientos acerca de Perú eran superficiales. Se basaban en un documental de National Geographic con imágenes de llamas, tesoros de los Incas, las líneas de Nazca y textiles coloridos, y por encima de todo, la vista de Macchu Picchu. En los archivos de las hermanas hay fotografías en negro y blanco donde vemos a las hermanas subiendo con alegría la escalinata de un avión que las llevaría a una vida nueva. Los hechos son toda una lección de solidaridad.

Sor Rosaleen Harold es una mujer menudita, de voz suave y el cabello con tonos color caob. Llegó a la Congregación desde Irlanda y trabajó en Perú durante 33 años. Estuvo ahí cuando Sendero Luminoso, un grupo revolucionario marxista, secuestraba y asesinaba a quienes se interpusieran en su camino:

> *Viví en Perú por más de treinta años. Cada experiencia estuvo llena de gracia, pero también plena de desafíos. Hubo años cuando estuvimos en medio de una guerra terrorista, en la época del Sendero Luminoso. Fui de las primeras hermanas asignadas a las zonas rurales y trabajé con uno de los sacerdotes mártires que murieron allá.*
>
> *Yo ya no estaba en Chimbote y estaba trabajando en Lima cuando el Padre Dordi fue asesinado. Teníamos una conexión muy cercana con él y con los dos franciscanos que fueron asesinados en las montañas, el Padre Tomaszek y el Padre Strzalkowski, ambos eran de nuestra parroquia en Chimbote. No conocía personalmente a los franciscanos, pero las hermanas sí los conocían.*
>
> *En esa época en Lima estábamos muy expuestas en todo momento. Cuando salías, nunca sabías si ibas a regresar. Había coches bomba. Había gente de Sendero Luminoso que se infiltraba en las parroquias y temíamos que llegaran a infiltrarse en la vida religiosa. Supimos que en una parroquia una secretaria que había renunciado a su puesto fue vista con gente de Sendero Luminoso y que había sacado información de los archivos de la parroquia. Nos apoyamos mucho las unas a las otras durante ese periodo, en especial durante la guerra terrorista.*

Incluso ocultamos a personas en nuestra casa cuando la policía las buscaba. Así de cerca estábamos nosotras en todo.

No puedo decir que no me cruzó por la mente la idea de volver a casa. De hecho, las hermanas que estaban en Perú se reunieron con Sor Carol Ann Jokerst, Superiora General en ese entonces, y ella no se oponía a la idea de que regresáramos a casa. Fue una conversación muy profunda, y la conclusión fue: No nos vamos. Vamos a seguir adelante. En esa época solo teníamos una hermana peruana, y queríamos asegurarnos de que ella sintiera que tenía la libertad de no continuar si quisiera dejar la comunidad. Ella se comprometió a seguir con nosotras.

Y en esa forma, aunque por una parte fue difícil, hubo tanta gracia también, que fue un periodo muy profundo y espiritual para nosotros. En cierta forma fue como tener una experiencia cercana a la muerte. Pude ver cuáles son las prioridades. Llegué a ser mucho más contemplativa. Percibí mayor integración entre lo que estaba sucediendo y la Sagrada Escritura. Ciertas citas bíblicas llegaban a mi mente cuando experimentaba ciertas situaciones. Sentía mucha paz y aunque viví momentos de temor, no era un temor que me paralizara.

Abrimos una casa de formación para vocaciones en un barrio pobre en el norte de Lima. Fuimos allá porque buscábamos una nueva parroquia. Cuando llegamos a la zona, vimos una bandera enorme en el muro de la calle principal que decía: 'Yankees Go Home' [Estadounidenses, váyanse a casa]. Nos dijimos entre nosotras que en cierta forma ser nuevas ahí era una ventaja, porque éramos desconocidas.

Por otra parte, era un riesgo porque no sabíamos con quién estábamos tratando. Pero seguimos adelante y en medio de todo eso, incluso tomamos la decisión de abrir una casa de formación donde nuestra segunda y tercera hermanas recibieron su formación. Ahora tenemos ocho hermanas peruanas, una señal de esperanza para el futuro.

Durante esos tiempos difíciles, nuestra oración llegó a ser más espontánea y a estar más relacionada con lo que sucedía cada día. Orábamos por familias específicas que habían sufrido golpes trágicos a causa del terrorismo. Fue un periodo en que constantemente estábamos conscientes de la presencia de Dios. Todo lo que estaba sucediendo hacía que confiáramos más en Dios, pues nunca sabíamos qué podía suceder.
Un día yo me encontraba en un autobús pequeño y apareció humo en su interior. La gente sintió pánico. Soy de laspersonas que sí puedo, salgo corriendo, pero si no puedo, simplemente mantengo la calma.

La gente empezó a saltar por las ventanas. Resultó ser una falla mecánica. Pero a fin de cuentas tuvimos suerte. Dios estuvo con nosotros en ese momento. Siempre recuerdo esta época como un periodo de desarrollo que marcó mi vida de manera permanente.

Aunque fue una época difícil y peligrosa, Sor Rosaleen también recordaba la hospitalidad generosa que experimentó al trabajar con las diversas comunidades de Perú:

En nuestros primeros días en Perú, éramos una comunidad de diversas culturas. Había dos hermanas irlandesas, una hermana de México, la primera hermana peruana y una hermana alemana que había trabajado en la cocina de la Casa Provincial en St. Louis, Missouri. Tenía 72 años de edad y decidió venir a Perú en medio de todo lo que estábamos viviendo.

Cuando trabajé en las zonas rurales, una de las cosas que más me impactó fue la alegría que mostraba la gente a pesar de las adversidades que vivían. Tenían una gran confianza en la providencia de Dios. Aunque perdieran sus cosechas, seguían teniendo sentido de la esperanza. Tenían un sentido de alegría y por supuesto les encantaban las fiestas. No tenían mucho dinero, pero cuando llegaba el momento de hacer una fiesta, lo daban todo. Tal vez daban todos los ahorros de un año. Todo esto tiene que ver con la hospitalidad.

Recuerdo una ocasión en que fui a una casa muy sencilla; estaba construida con juncos de la zona. Una mujer tenía un huevo y me dio la mitad... la mitad de un huevo frito y arroz. Le dio la otra mitad a su esposo y él la dividió entre sus hijos. Esa es la clase de experiencias que se tiene con la gente. Simplemente era una generosidad total. Aprendimos mucho de la hospitalidad de la gente. Estaban viviendo la espiritualidad de la Encarnación.

Nuevo Chimbote: más allá de donde termina el camino

En todos los años que yo había trabajado con las Hermanas, Perú era el único lugar al que no había ido. Finalmente pude ver a las hermanas que estaban ahí cuando viajé con mi amiga, Lisa Uribe, una de las líderes de Global Connection (*WGC* por sus siglas en inglés). Ella estaba trabajando con un grupo de mujeres que habían formado el grupo Mujeres Emprendedoras en Cambio Puente, en las afueras de Chimbote. Las mujeres tienen una microempresa de costura y tejido y yo tenía muchos deseos de conocerlas también.

Había dirigido talleres con *WGC* en Zambia, pero en este viaje yo no tenía ninguna responsabilidad relacionada con talleres, aunque puedo decir que soy mejor para el trabajo de costura y tejido que como experta en micropréstamos. En esta ocasión, hice el viaje para ver los ministerios de las hermanas en Chimbote. Su trabajo inició con el Segundo Concilio Vaticano hace aproximadamente50 años y las hermanas habían prestado servicios ante todo en Puno, Lima, Chimbote, Cambio Puente y Nuevo Chimbote.

Salimos del ajetreo de Lima al amanecer y abordamos un cómodo autobús de dos pisos para viajar al norte a Chimbote. Sentía muchos deseos de ver a mi amiga Sor Rose Marg, quien había regresado de Zambia para seguir con su trabajo como misionera justo en donde había comenzado, en Perú. El autobús nos llevó a través de planicies de campos irrigados cerca de la carretera que eran pequeños en comparación con las enormes dunas de arena del desierto que se veían a la distancia. Las enormes distancias me causaron un gran impacto; me recordaban los desiertos que aparecen en una pintura de Georgia O'Keefe, dunas ondulantes de color amarillo ocre con sombras en gris pardo, bajo un claro cielo azul, ligeramente nublado. Era un gran cambio comparado con los tonos de color verde vibrante de la cosmopólita ciudad de Lima que se encuentra en peñascos que rodean el Pacífico.

Chimbote también está en la costa. En el pasado fue un próspero puerto pesquero, pero las empresas pesqueras se derrumbaron debido a los excesos en la actividad pesquera y a la contaminación. Tras el colapso de las actividades pesqueras hubo un desempleo descontrolado. La ciudad fue devastada por un terremoto en la década de 1970 y todavía la están reconstruyendo. Llegamos a la terminal de autobuses y tomamos un taxi. La música que escuchábamos cuando llegamos al hotel, se parecía a la música de los Bee Gees, y me fui a descansar a mi habitación. La iluminación era tenue, las paredes eran de un color turquesa oscuro, la colcha era afelpada y los muebles eran de un estilo retro de la década de 1950. Desde las ventanas de mi habitación se veía el brillante corredor de muros blancos del hotel de dos pisos que tenía brillantes pisos de losa, con plantas tropicales y asientos para las visitas.

Nos reunimos con Frank, nuestro traductor y tomamos un taxi que parecía un coche común y corriente para ir al convento. La transitada plaza central que tiene tiendas y cafeterías pequeñas, lleva a calles estrechas de edificios de concreto pintado de colores brillantes que llegan hasta el borde de la acera. El taxi nos dejó en la escalera de entrada y pasamos por una reja hacia el patio pavimentado del convento de las hermanas. Nos recibió Sor Pilar Neira Sandoval, hermana peruana que yo había conocido cuando ella estuvo estudiando en St. Louis durante un año. Su amplia sonrisa hizo que me sintiera en casa. El convento era sencillo pero cómodo, y me reuní con Sor Rose Marg en la cocina. Como lo había hecho cuando viajé a Zambia, le traje a Sor Rose Marg una mochila con bolsas de maseca, latas de crema, y harina para churros para que ella pudiera preparar algunos deliciosos platillos de México, su país nativo. El sabor hogareño siempre es bien recibido.

Sor Rose Marg y yo fuimos al segundo piso, a la sala de la comunidad y nos pusimos al corriente con las noticias a medida que las hermanas llegaban de su trabajo comunitario. Sor Hirayda Blacido Enríquez, una de las primeras vocaciones de Perú, se unió a nosotros, al igual que Sor María Márquez Fuentes, Sor Leonila González Siller, y Sor Lourdes Gómez Barrenechea. El ministerio de las hermanas en Perú se centra en la comunidad, ya sea que presten servicio dando atención médica en el Centro de Salud Santa Clara o trabajen en actividades en ministerios pastorales y sociales para responder a las necesidades de las mujeres y los niños, cada hermana se esfuerza por estar en relación con la gente.

Hacen énfasis en la comunidad, no en las instituciones. Trabajar en la comunidad requiere de un enfoque multicultural:

En nuestro trabajo en Chimbote, reconocemos que el Verbo Encarnado vive en el interior de las personas. Las personas hablan y nosotros no hablamos por ellos. Tienen sus propias palabras y su propia voz para denunciar las injusticias y la violencia. Tienen su propia cultura. Aunque todos somos peruanos, venimos de muchas culturas. Estas diferencias culturales nos enriquecen y no son un detrimento.

Donde quiera que vayamos, toda la Congregación está con nosotros. Nuestros proyectos no son personales, pertenecen a toda la Congregación. Eso nos permite ser valientes porque estamos juntas.

Nuestra Congregación en Perú es multicultural, y la Congregación en sí también lo es ya que combina las culturas de Estados Unidos, México, Irlanda, Alemania y ahora de Perú. Amamos esta fusión de culturas. Nos hace más fuertes. Al reunirnos, hemos creado una nueva cultura para la Congregación en Perú. Trabajar en Perú ha renovado nuestra espiritualidad congregacional.

Vinimos aquí para ser hermanas, para salir a la comunidad. La Teología de la Liberación tuvo un gran impacto en nosotros y es la razón por la cual nos hicimos religiosas. Queremos estar con los más pobres y ayudarles. Cuando fuimos a Cambio Puente, en las afueras de Chimbote, no había agua ni sistemas de drenaje. Llevábamos el agua en cubetas y vivíamos sin electricidad; iluminábamos con velas. Nuestras hermanas allí pudieron haber elegido vivir en un lugar mejor, con más comodidades, pero decidieron vivir con las personas que más las necesitaban. Caminamos con ellas.

Los laicos han colaborado con fuerza desde el principio. Trabajamos juntos y experimentamos la Iglesia como comunidad, no como institución. Tenemos una base sólida en la comunidad, y ya que las hermanas peruanas somos parte de esa base, traemos una comprensión de las culturas de Perú a nuestro trabajo.

La cultura de nuestra Congregación tiene su fundamento en el respeto a los demás y en entrar a la realidad que vive cada persona. Tenemos que dejar atrás ideas preconcebidas y prejuicios y abrirnos a losprocesos, dedicarle tiempo a escuchar y a establecer relaciones. Nuestras relaciones con laicos son fuertes y seguirán aumentando. Las personas buscan la espiritualidad y aunque su formación espiritual sea distinta, vemos la fuerte respuesta de los laicos al compartir nuestra misión.

Las hermanas nos invitaron a ir a la celebración que iban a tener la noche siguiente en la Parroquia de María, Reina de Nazaret en Nuevo Chimbote, como parte de los ciento cincuenta años de la Congregación. Lisa y yo terminamos nuestro día en la Catedral de San Pedro en Chimboteen visita al santuario de los tres sacerdotes mártires que fueron asesinados por integrantes de Sendero Luminoso en la década de 1990.

El exterior de estilo barroco español lleva a un espacio sorprendentemente moderno de muros blancos y arcos que enmarcan grandes pinturas al óleo de santos bajo una galería que se extiende a lo largo de la nave. Justo a la derecha de la cúpula hay un santuario que honra a los tres sacerdotes que habían muerto hacía solo unas décadas. Estaban conscientes de los peligros que representaba el Sendero Luminoso y decidieron permanecer ahí y compartir ese riesgo con las comunidades que ellos amaban, lejos de sus países nativos, Polonia e Italia.

Yo pensaba que los mártires siempre habían vivido en el pasado distante, pero estos hombres habían vivido y habían muerto durante nuestras vidas. El retrato de ellos es de gran tamaño y de estilo contemporáneo, no es una pintura al óleo estilizada. No me encuentro con frecuencia con personas que han dado la vida por sus creencias, y fue difícil para mí comprender que algunas de las Hermanas que conocí en San Antonio habían conocido a estos sacerdotes, habían vivido en Perú con la misma amenaza de muerte, y habían decidido quedarse en lugar de regresar a la seguridad de su hogar. De hecho, Sor Rosaleen Harold, había trabajado con uno de estos sacerdotes. Nuestras hermanas los conocieron en una época normal y luego ocurrió un cataclismo.

Fue extraño pensar que yo me había sentado frente a Sor Grace O'Meara en el restaurante *Earl Abel* en San Antonio durante el almuerzo, y había hablado con Sor Rosaleen en el corredor. Todo había parecido siempre tan normal, pero había otra faceta de su vida que definitivamente no había sido muy normal. Las personas son mucho más de lo que parecen ser.

Salimos de la catedral para asistir a la celebración de la Congregación y cruzamos la plaza de piedra pulida con sus palmeras para dirigirnos a un bulevar muy transitado, pero un taxi tras otro se rehusó a llevarnos a las afueras de Nuevo Chimbote. Se encontraba demasiado lejos de los caminos usuales. Empecé a preocuparme pensando que no podríamos asistir a la celebración, pero finalmente, un chofer aceptó llevarnos.

Atravesamos Chimbote al anochecer, pasando por restaurantes bien iluminados, centros de cafés internet y centros nocturnos. Finalmente, la autopista atravesó el desierto dejando atrás las luces. Los pocos edificios que veíamos eran improvisados, pequeños, casas de una o dos habitaciones esparcidas a lo largo de una semblanza de calles. Dimos la vuelta alejándonos de la autopista principal y de pronto el sendero improvisado terminó en la arena.

El conductor volteó a vernos y dijo: "Hasta aquí puedo llegar. La iglesia está allá delante". Casi como un espejismo, apareció la Parroquia de María, Reina de Nazaret, una iglesia grande de cemento color amarillo Nápoles con campanarios altos y enmarcada por paisajes del desierto en la tenue luz del anochecer. Se elevaba majestuosa a corta distancia de las casitas humildes frente a las que pasábamos hundiéndonos en la arena seca.

Al acercarnos a las enormes puertas de madera, ya no estábamos solas. La gente de Nuevo Chimbote estaba ahí para celebrar. Sor Hirayda y Sor Pilar vivían en esa zona con ellos, y todos estaban muy emocionados de estar con las hermanas para celebrar la fundación de la Congregación hace 150 años en San Antonio, en una época en que los caminos también terminaban ahí. Por todo el santuario, el emblema de la Congregación que todos conocemos, banderas de celebración e imágenes delObispo Dubuis y las primeras hermanas eran parte de los adornos relacionados con el aniversario. Los niños del coro se agruparon frente a mí con sus túnicas blancas y cinturones rojos, y me sorprendí al escuchar un himno con la melodía del Himno de la Batalla de la República, una canción patriótica de los Estados Unidos. La fusión de culturas puede dar giros inesperados.

Después de la Misa, la gente hizo los cambios necesarios en la iglesia para habilitarla para la recepción. Repartieron vasos de chicha morada, una bebida dulce hecha de maíz morado y especies. No creo que la Madre Saint Pierre y la Madre Madeleine hubieran podido imaginar que lo que ellas comenzaron en un pequeño poblado a las orillas del Río San Antonio, llegara más allá de donde termina el camino en Nuevo Chimbote, pero el carisma fronterizo continua a medida que las hermanas van más allá de los caminos pavimentados para ser parte de una nueva comunidad entre las personas más necesitadas.

Para Sor Katty Huanuco, es un ministerio de presencia que responde a las necesidades que se presentan, exactamente como lo hicieron las hermanas que empezaron a dar servicio en San Antonio:

> *En Chimbote, nuestro ministerio siempre se ha centrado en la presencia. Cuando llegaron las hermanas, la gente necesitaba atención especial. La industria pesquera de Chimbote se había derrumbado. La gente había venido de la región de los Andes para trabajar en la pesca y su cultura era diferente a la*

cultura de la costa. Se acercaron a nosotras pidiendo ayuda. Trabajamos con los jóvenes y con los niños, y empezamos con nuestro trabajo de atención de la salud aquí. Ahora, las familias pobres se acercan a nosotras, y no vienen a la Iglesia sólo a recibir ayuda sino también porque necesitan tener esperanza. Siempre buscan la esperanza. Nosotras les ayudamos en sus necesidades. Encontramos lo que necesitan y respondemos a la situación específica que se vive aquí.

Nuevo Chimbote es una zona en crecimiento. Hay muchas familias jóvenes. Necesitan lugares donde vivir y han construido casas muy pequeñas para sus hijos. Los padres de familia trabajan en los campos agrícolas. Salen a las 3:00 de la mañana a los campos de irrigación. El Obispo de Chimbote habló con nosotras sobre las necesidades de Nuevo Chimbote y el párroco de María, Reina de Nazaret nos pidió que trabajáramos en la parroquia. De inmediato aceptamos. Sor Pilar y Sor Hirayda se mudaron a Nuevo Chimbote para vivir entre la gente y ayudarles en lo que necesitaran. También organizaron el coro y atienden las necesiten espirituales de las familias.

Varios meses después, fui a Ciudad Juárez, en México, para recibir a los refugiados que estaban esperando enla frontera. Cuando visité a las hermanas de allá varios años antes, vivían en una sencilla casa de cemento en una calle lateral en medio de la ciudad. Las hermanas ya se mudaron y las encontré más allá de la zona de Anapra en las afueras de Juárez. Su nueva casa está construida en un estilo que armoniza con el entorno, y hay un gran edificio comunitario donde se reúnen con sus vecinos para tener reuniones y para dar clases.

El patio tiene secciones separadas para cultivar verduras y también tienen gallineros.

Las hermanas que están en Juárez trabajan en Pastoral Popular, viven entre la gente y dan servicio a los que sufren debido a la pobreza, al impacto de la globalización económica y a la violencia de los carteles del narcotráfico. Les enseñan a las familias a ser autosuficientes en sus finanzas. Ayudan a las mujeres a criar pollos para responder a necesidades básicas. Y cuando vi más allá de su casa y entre la gente, pude ver que el camino se desvanecía varias cuadras adelante y desaparecía en el desierto que va hacia las montañas, más allá de donde termina el camino.

Nuestro futuro: el carisma de frontera

Con frecuencia, la gente me pregunta cómo ven las Hermanas su futuro. En los Estados Unidos, las vocaciones a la vida religiosa han disminuido por varias décadas. La mayoría de las religiosas ya no usan hábitos formales y no es posible reconocerlas en la calle. Algunas congregaciones religiosas dejaron de aceptar vocaciones hace décadas y avanzan hacia su cierre definitivo; dejarán de existir. Nuestras Hermanas no están haciendo eso. Siguen con sus esfuerzos por tener vocaciones, colaboran con los líderes laicos y responden a las necesidades de nuestro tiempo.

Cuando hablamos de esto, lo que me intriga es que, en general, las Hermanas no muestran mucha ansiedad o preocupación sobre lo que sucederá en el futuro. Confían en que el futuro se desenvolverá como debe de ser, su misión continuará pues es una misión que patrocinan, y hay otras personas que también apoyan esa misma misión. Su carisma, o su don para el mundo, no solo vivirá en las hermanas que estarán aquí en el futuro, sino también en los laicos que colaboran con ellas.

Sor Tere Maya ve el carisma de las Hermanas como un carisma de frontera:

¿Cómo se ve el futuro para las Hermanas del Verbo Encarnado y para sus ministerios? "Dios mío, no tengo la menor idea". Es como estar en las nubes o como estar conduciendo un auto en la niebla. ¿Qué estamos haciendo? Nuestras Hermanas no están muertas. No están acabadas. Siguen viviendo y desean estar vivas.

Nuestras Hermanas están en una búsqueda, hacen las cosas juntas. Por ejemplo, una hermana que está en Torreón tiene 103 años de edad y sigue asistiendo a las reuniones. Hay vitalidad. Nuestras Hermanas hacen mucho en el mundo y nuestra Congregación no está muerta. La Congregación está viva. No somos un museo. Somos un grupo de hermanas que tienen un llamado y están abiertas al futuro. Siempre estamos en esa búsqueda.

Nuestra única opción es estar en un espacio contemplativo. ¿Has conducido un auto a través de la niebla? Estás al volante. Necesitas silencio. Necesitas un enfoque. Necesitamos ese enfoque para poder lograr una escucha profunda, para estar

Nuestro futuro: el carisma de frontera

profundamente atentas al momento presente, porque en algún lugar está ocurriendo algo nuevo.

¿Cómo nos prepara para el futuro la historia de nuestra Congregación? Necesitamos remontarnos a nuestra fundación para entender nuestro ministerio y nuestra misión.

Cuando nos remontamos al pasado, vemos que nuestro carisma tiene sus raíces en responder a necesidades humanas críticas. En nuestra historia, tenemos al Obispo Claudio Dubuis.

Lo verás en todas partes, y gracias a él tenemos un estilo particular. Los Jesuitas hacen las cosas a su manera, los Bautistas responden de acuerdo a su estilo, los Franciscanos tienen a San Francisco, y nosotros tenemos al Obispo Claudio Dubuis.

Él no es santo. No es alguien que aparezca en una estampita. Tenemos una imagen de él en una historieta que lleva el título, "Claudio Dubuis, Sacerdote de las Planicies". Las hermanas de Houston crearon un ícono de él que muestra un caballo, una pistola y las praderas de Texas, pero también incluyeron la Eucaristía. Nosotros iniciamos nuestra historia con el Obispo Dubuis y con su carta original:

"Nuestro Señor Jesucristo, sufriendo en una multitud deenfermos y desvalidos de todas clases, espera alivio de vuestras manos."
Obispo Dubuis

Recientemente celebramos ese llamado de hace 150 años. Celebramos la carta fundacional, el llamado fundacional. El mundo espera alivio de vuestras manos. Vuestras manos y las manos de personas cercanas a ustedes, son las manos que reciben el llamado. Bendecimos las manos de todos nuestros colaboradores. Todas esas 40,000 manos reciben una bendición, ya que son las manos que van a responder a las necesidades críticas de nuestro tiempo.

Tenemos un carisma de frontera. Es especial porque la mayoría de las congregaciones religiosas en Estados Unidos tienen su base de operaciones al este del río Misisipi. La mayoría de las congregaciones religiosas en México están al sur de la Ciudad de México.

Nuestra Congregación fue fundada en la frontera de Texas. Fuimos al sur, a México, y al norte, al interior de Estados Unidos desde San Antonio.

¿Qué significa eso? Significa que estábamos mirando hacia el exterior, explorando, llegando a los bordes para ver qué estaba sucediendo y qué se necesitaba.

Nuestro carisma de frontera es un carisma de innovación. Siempre estamos aprendiendo sobre nosotras mismas al conversar con otras personas. Fuimos una de las primeras Congregaciones en asignar líderes laicos en nuestros ministerios. Otras congregaciones apenas comenzaron con esa transición recientemente.

*Nuestro futuro: el carisma de frontera

Nuestro carisma de frontera es un carisma de riesgo y de valentía. Si veo la historia del Obispo Dubuis que nos dice que él acampaba en el desierto bajo las estrellas, y si veo la historia de nuestras primeras hermanas que viajaron en barco desde Francia, veo una historia de riesgos y valentía.

En nuestro tiempo, las cosas están cambiando. El Cardenal de Chile se reunió con Sor Kevina Keating y conmigo para tomar el té cuando CHRISTUS Salud expandió su ministerio a Santiago, y nos preguntó por qué CHRISTUS estaba ahí, pero no había hermanas. Pensé que era una buena pregunta y no tengo idea de cuál podría ser la respuesta. Lo que sí sé es que ahora nuestros ministerios están llegando a nuevas fronteras.

Nuestras hermanas están detrás de los ministeriosque han llegado a las nuevas fronteras. Esa es nuestra historia y así es como se despliega. Nuestros ministerios no son de la Congregación. Todo esto se relaciona con la misión de Jesús. Los ministerios son lamisión visible de Dios.

Sor Walter Maher también visualiza una misión en los márgenes donde la frontera es visible en la dinámica de nuestro mundo que muestra cambios veloces.

La Congregación va a ser muy diferente en el futuro. Quizá será más radical ya que los desafíos que hay en el mundo son mayores en términos de pobreza, en el nivel de violencia, en la guerra y en el desplazamiento de las personas. Las redes sociales también tienen un impacto tremendo, y no necesariamente siempre de manera positiva porque cambian la forma en la que nos relacionamos. Aquí en la universidad, las personas prefieren mandar mensajes de texto en lugar de conversar frente a frente. Sabiendo que la espiritualidad de la Encarnación está presente en nuestras relaciones, vamos a tener que estar en el mundo de una manera diferente. Tal vez nuestras hermanas no siempre sean muchas en número, pero se nos encontrará en el aspecto profético, en el aspecto de ser testigos, o afuera, en los márgenes.

Vemos que el Papa Francisco a menudo habla sobre el sentido de radicalidad; dice que si ignoramos a los pobres estamos ignorando a Dios. Este es un cambio en la Iglesia y aquí es dónde estarán las Hermanas de la Caridad del Verbo Encarnado, porque la Encarnación significa estar bendecida, estar presente, estar en el encuentro, estar en el diálogo y luego decidir cuál será la acción por hacer. Este es nuestro llamado.

Si nos remontamos al pasado, a nuestros inicios, vemos que no éramos un grupo grande, que éramos un grupo muy pequeño. A veces es bueno ser un grupo grande y tener ministerios e instituciones establecidos, pero al ser un grupo más pequeño, podemos ser más libres para movernos de manera oportuna y responder de manera más inmediata a las necesidades de otros. Además, no siempre necesitamos recursos financieros enormes, aunque en ocasiones esa idea la traemos fija en la cabeza.

Siempre recuerdo esas dos mujeres, la Madre Saint Pierre y la Madre Madeleine. Todo lo que hacían era para responder a una necesidad, y siempre contaban con los recursos para hacerlo. Necesitamos pensar en la providencia y la benevolencia de Dios. Necesitamos esperar la generosidad de Dios y tener idea de abundancia y no de escasez. Cuando nos concentramos en la escasez, limitamos nuestras posibilidades y nuestra capacidad.

Este es el aspecto radical. Me refiero al hecho de que el Obispo Dubuis le escribió a Sor Angelique Hiver, que se encontraba en un monasterio, pidiéndole hermanas que pudieran venir a San Antonio. Ella respondió: "No, no podemos hacer eso. Somos una orden monástica". Más bien hallaron un enfoque diferente. Bajaron la colina de Lyon e invitaron a algunas de las enfermeras que había ahí a ir al monasterio. Con esta innovadora manera de pensar, diseñaron una estrategia diferente. Sor Angelique capacitó a estas mujeres durante varias semanas y las envió al otro lado del Atlántico. A veces olvidamos esa creatividad inicial del Obispo Dubuis y de Sor Angelique.

Otra cosa que me encanta del Obispo Dubuis es que no encaminó a las primeras hermanas, llevándolas de la mano. La Madre Saint Pierre y la Madre Madeleine tuvieron que decidir las cosas por sí mismas y seguir adelante. Desarrollaron relaciones con la gente de San Antonio. Colaboraron con los médicos de la ciudad y al hacerlo aprendieron a ser buenas enfermeras. De inmediato reconocieron la necesidad de tener una escuela de enfermería. Cuando vieron que la gente dejaba niños pequeños en su puerta, alguien dijo: "Necesitamos un orfanato" y la comunidad se unió a ellas para apoyar esta idea. Acercarse a las necesidades y responder a ellas es la parte radical.

Nuestro fundamento es nuestra historia porque nos proyecta hacia el futuro. La única forma en que se puede ser radical hoy en día es encarnarse en el mundo. Yo tengo que ser este Verbo Encarnado. Tengo que mirar a Jesús y ver cómo respondía Él. Encontraba a cada ser humano en su contexto social, tenía intercambio con ese ser en su contexto, y solo entonces se encaraba el tema de qué problema había o que había que hacer. La forma en que tenemos intercambio en estos encuentros nos lleva a lo que requiere atención. Este trayecto hacia los márgenes siempre debe tener su fundamento en la oración, en el corazón de Dios, porque entonces Dios siempre revela el sendero a seguir. Después de la revelación, debemos

*Nuestro futuro: el carisma de frontera

ser capaces de discernir la situación, examinarla con cuidado, ver hacia dónde nos lleva.

Para nuestras hermanas y para las personas que prestan servicios con ellas, este sendero lleva hacia la frontera, como lo hizo para dos jóvenes francesas que vivieron bajo los cielos claros de Texas hace 150 años.

La idea de estar en la frontera es atractiva para mí porque la misión no es estática. La misión está viva. La misión es la búsqueda, encontrar una necesidad, ser una chispa, y crear una comunidad con otras personas que comparten la visión.

La frontera queda también cerca de donde estamos en St. Louis, y ese espíritu del carisma de la frontera fue lo que me llevó a buscar un nuevo camino para abordar las disparidades raciales en la posibilidad de ser propietario de una casa. Por tradición, se requerían años para desarrollar viviendas para personas de bajos recursos o ingresos moderados. El financiamiento es el principal obstáculo; tener acceso a las subvenciones del gobierno y los programas de crédito fiscal puede tardar años y vienen acompañados de numerosas restricciones y papeleo. Mientras tanto, edificios abandonados con sus ventanas cubiertas de tablas siguen deteriorándose y los vecindarios se desgastan.

Existía una necesidad. Ese era el momento de producir una chispa. Abordé la idea con el Arzobispo Robert Carlson en una de nuestras reuniones regulares. Poco después, me estaba presentando a alguien en la reunión anual para solicitar subvenciones con las palabras: "Bridget y yo vamos a construir algunas casas juntos".

Un mes después, con un mapa de la zona de Dutchtown (un vecindario de St. Louis),un grupo pequeño de personas nos reunimos con el Arzobispo y la idea que llegó a ser la iniciativa inmobiliaria, *St. Joseph's Housing Project*, se puso en marcha a toda velocidad. Miramos más allá de los obstáculos y nos concentramos en la misión. El Arzobispo nos dio luz verde para crear un plan y seis semanas después Mike England, presidente de *Saint Mary's High School*; Marie Kenyon, directora de la Comisión Arquidiocesana de Paz y Justicia, y yo nos reunimos alrededor de una mesa antigua que tenía un bajorrelieve de la Última Cena, para comenzar nuestra presentación.

El Arzobispo pasó por alto nuestro análisis y leyó rápidamente las páginas del material. Nos dijo que lo único que necesitaba saber era cuánto iba a costar. Dije: "Dos millones". Él dijo: "¿Podría ser un millón?". Tres años después, St. Joseph's Housing Project había restaurado siete casas y estaba habilitando otras. La primera casa que restauramos tiene una ventana en forma de media luna en el segundo piso que se ve sobre el porche de la casa. Yo había ayudado a limpiar esa habitación y era un espacio que se extendía a lo largo del frente de la casa. Una jovencita de la familia habló conmigo durante la bendición de la casa y le pregunté cuál era su habitación. Ella señaló la ventana y dijo: "Esa es mi habitación, y cuando llueva

*Nuestro futuro: el carisma de frontera

me voy a sentar frente a la ventana y voy a pensar que estoy en un castillo".

Ahora me hallo conduciendo por los callejones y calles de un solo sentido de Dutchtown en exploración y búsqueda de casas de ladrillo en mal estado que puedan arreglarse para familias que desean construir una vida nueva para los suyos, para hacer que esas casas vacías vuelvan a ser hogares. El día que el Arzobispo me llamó para decirme que ya tenía fondos para iniciar el proyecto, me dijo: "Usted y yo vemos posibilidades infinitas". Esas posibilidades infinitas son el carisma de frontera.

Jubileo: estoy aquí, Señor

Las temperaturas de mayo estaban a más de 26 grados centígrados cuando salí de mi habitación en el Generalato y crucé el campus de las hermanas. Pájaros negros de cola larga, conocidos como estorninos, buscaban insectos bajo los añejos nogales mientras yo caminaba hacia la capilla donde se celebraba el Jubileo, el día en que las hermanas celebran aniversarios especiales de sus votos. Elevé la vista para ver a los ángeles con trompetas que están sobre las esquinas de ladrillo rojo del campanario que se ha elevado sobre la capilla durante más de 100 años; los ángeles elevaban sus trompetas a las alturas. Subí la escalera de piedra hacia el arco de estilo románico y pasé bajo la ventana que está cerca de las enormes puertas de la Capilla y la inscripción de su vitral:

Praised be the Incarnate Word
[Alabado sea el Verbo Encarndo].

"Para siempre, amén", respondí en silencio, como lo habían hecho tantas personas antes.

Había estado con las hermanas durante casi dos décadas y en mi mente, eran una presencia constante en un mundo turbulento. Sin embargo, empezaba a darme cuenta que ellas también estaban cambiando. Las hermanas que tenían unos 50 años cuando las conocí, ahora tenían 70 años o más. Sor Dot y Sor Neomi ya se habían ido, al igual que Sor Rosie. Se escuchaban con mayor frecuencia conversaciones sobre lo que iba a pasar "cuando no hubiera hermanas". Como las hermanas rara vez se jubilan, era fácil que yo me engañara pensando que había 500 hermanas. En realidad, a pesar de un gran esfuerzo en la pastoral vocacional, había aproximadamente 250 hermanas, y su número se reducía año tras año.

La capilla se consagró en 1907, un periodo en que la Congregación vivía una rápida expansión. La Madre Saint Pierre y la Madre Madeleine ya habían muerto y la siguiente generación de líderes se encargó del rápido crecimiento de la Congregación y sus ministerios. Las hermanas tenían esto en mente y construyeron en la capilla asientos estilo monástico de roble dorado tallado a ambos lados del amplio pasillo de mármol. Construyeron asientos para cientos de hermanas. Hoy solo ocupan la tercera parte de ellos.

En esta brillante mañana de mayo, nadie pensaba en llorar por las glorias del pasado o por lo que algunos describían como las "mejores décadas de la vida religiosa".

Las hermanas celebraban intensamente el presente. Yo estaba feliz de estar entre tantas amigas, rodeada del amor y el cuidado que me renovaban cada vez que estaba con ellas en San Antonio. Algunas hermanas que yo no conocía bien estaban felices hablando de la Fundación, de la forma en que desarrollaba su misión y del gozo que sentían al compartir la misión; esto me conmovió el corazón.

La capilla brillaba con el reflejo del arco iris de los vitrales y los querubines estaban en las alturas sobre los elegantes capiteles de los pilares color de rosa que llegaban hasta el santuario. Cuando empezó la Misa, repasé con la vista las bancas llenas de mujeres, muchas de las cuales tenían la cabeza blanca, y pensé en todo lo que ellas habían logrado.

La primera lectura fue del Libro de Samuel y se centró en el llamado de Dios:

"Yavé llamó a Samuel. El respondió: «Aquí estoy»,"
1 Samuel, 3:4

Las Jubilarias habían respondido a ese llamado; algunas de ellas hace más de 75 años. Llegaron a esta capilla de jóvenes, adolescentes, e hicieron sus maletas para responder a su primera asignación. Segundo Vivieron el Concilio Vaticano y aceptaron el cambio, aunque trastornó susvidas, y cuando algunas de sus amigas se fueron, perseveraron.

Al paso de las décadas, las hermanas dieron clases en escuelas, recorrieron los pasillos de los hospitales encargándose de los pacientes, trabajaron como misioneras y comenzaron ministerios nuevos cuando tenían la edad en que otras personas se jubilan.

¿Qué había significado todo esto y cómo veían que continuaba?

La reflexión de Sor Tere Maya después del Evangelio nos dio la respuesta a esa pregunta:

Hermanas Jubilarias y amigos, ¡hoy nos reunimos para CELEBRAR!

Nuestras Jubilarias han cerrado el círculo en este año del Jubileo: dejaron la tierra sin producir, vivieron la libertad del llamado de Dios, trabajaron con diligencia por la justicia, sanaron las divisiones mediante la reconciliación, y ahora estamos celebrando el amor firme de Dios.

El llamado de Dios a Samuel llegó en un momento en que "la palabra de Dios era escasa y lasvisiones poco frecuentes". Esto es muy similar a lo que vivimos en nuestros tiempos cuando la palabra de Dios es "escasa y las visiones poco frecuentes". Hay erupciones volcánicas, tiroteos sin sentido y migraciones masivas. El testimonio que ustedes han dado en su vida es maravilloso cuando las visiones son poco frecuentes. Sus 25, 50, 60 o 75 años de constancia es sin duda la suave voz de Dios que habla en nuestros tiempos; la visión de Dios vivió a través de cada una de ustedes en el ministerio diario de compartir el reino de Dios.

De muchas formas, celebramos el viaje de Samuel para ver a Eli. Del momento en que ustedes dijeron porprimera vez: "Aquí estoy", al momento del llamado de hoy en que deben ser mentoras para los nuevos Samueles entre nosotras. Incluso para nuestras Jubilarias de plata, este es un momento nuevo. Eli no podía ver, la edad lo había hecho frágil, y sin embargo tenía una misión crítica, como también la tienen ustedes. ¡Eli era un anciano fiel! Su ceguera hizo que su oído fuera más agudo.

Sabe lo que debe hacer Samuel y se lo explica con paciencia.

Eli comparte su sabiduría enseñándole a Samuel a discernir. Eli sabe que decir: "Aquí estoy", no es suficiente y le enseña a Samuel a decir: "Habla, tu siervo te escucha". Eli le enseña a Samuel a practicar el discernimiento. Solo los ancianos sabios pueden hacer esto: enseñarnos a escuchar. La sabiduría se comparte y se explica. Este llamado, este trayecto, tiene que ver con escuchar.

En nuestro tiempo se necesitan mentores y maestros, como ustedes, hermanas Jubilarias. Nuestro tiempo necesita mujeres de fe, mujeres de sabiduría que puedan ser mentoras y enseñarnos a escuchar realmente con el corazón, a escuchar el corazón de la humanidad durante una época en que nuestro planeta necesita escuchar tomando en cuenta la visión de Dios.

Cuando reflexiono sobre el joven Samuel, solo puedo imaginar todos los años que ustedes vivieron respondiendo al llamado de Dios. Ahí está Samuel, dormido, pero dispuesto a actuar, su entusiasmo por prestar servicio es asombroso. La primera vez que escuchó su nombre, "corrió"; la segunda vez "se levantó" y la tercera vez "se levantó y fue a ver a Eli".

Pienso en cada una de ustedes, religiosas jóvenes, dispuestas a actuar y capaces de hacerlo; estaban listas para "saltar de la cama" y ansiosas de hacer la voluntad de Dios. De cierta manera, siento que tal vez ahora no salten de la cama tan rápido como antes, pero hemos visto las formas hermosas en las que siguen estando alertas para saber adónde las está llamando Dios.

El entusiasmo sigue ahí. Estoy segura de que todavía tienen esas noches largas en las que se despiertan y se vuelven a dormir, escuchando el susurro de Dios que les dice lo que vendrá después.

Una y otra vez, año tras año, ustedes respondieron "aquí estoy" y eso las trajo a este Jubileo. Me pregunto cuántas veces dijeron "aquí estoy"; cuántas veces, después de una noche sin dormir, finalmente dijeron: "aquí estoy".

Vean lo que cada una de sus respuestas ha hecho en su vida: nuevos ministerios, nuevas ciudades, nuevas comunidades, y estas personas se han reunido aquí. Al decir "Aquí estoy", ustedes nos congregaron aquí hoy para celebrar con ustedes.

En la segunda lectura, Pablo escribe en su carta a los Colosenses:

"Pónganse, pues, el vestido que conviene a los elegidos de Dios, sus santos muy queridos: la compasión tierna, la bondad, la humildad, la mansedumbre, la paciencia. Sopórtense y perdónense unos a otros si uno tiene motivo de queja contra otro. Como el Señor los perdonó, a su vez hagan ustedes lo mismo."
Colosenses 3:12-13

Pablo escribe que la santidad, el hecho de ser discípulo, nuestro "aquí estoy", solo puede pasar en comunidad. Solo podemos practicar nuestra compasión que brota del corazón en relación con una comunidad. Solo podemos ser bondadosos, humildes, gentiles y pacientes unos con otros. El Jubileo es una celebración de la firmeza de Dios y de la fidelidad, de ustedes y también es una celebración de la fidelidad de la comunidad hacia ustedes.

Su "aquí estoy" ha sido posible en esta Congregación de las Hermanas de la Caridad del Verbo Encarnado, con las personas a quienes servimos, a quienes acompañamos y con las personas que nos acompañan.

Por eso celebramos con ustedes. Solo podemos "hacer todo en el nombre del Señor Jesús" en comunidad, la comunidad que llamamos Iglesia, la comunidad con la que ustedes viven, la comunidad en el ministerio, la comunidad de la humanidad.

Seguir a Jesús nunca tiene que ver con nosotros.

Lo que ustedes han vivido nos ha enseñado lo que ustedes han aprendido como discípulos de Jesús. Nos ha enseñado que este llamado tiene que ver con los demás, con perdernos en los demás. Respondemos al llamado, como lo hizo Samuel; llegamos a ser "siervas que escuchan". El Evangelio es claro: "quienes me sirven" debemos estar con Jesús, "donde estoy".

Ustedes, Jubilarias, saben dónde está Jesús. Lo han encontrado en muchos lugares, en tantas personas increíbles, algunas de las cuales están aquí hoy, algunas que están presentes en la comunión de los santos, entre los más pobres vulnerables, en los necesitados. Ustedes son las Jubilarias del Concilio Vaticano, las Jubilarias que nos sacaron adelante, que nos llamaron a seguir adelante, las Jubilarias "en salida", listas para encontrar a Jesús en zonas marginadas.

Hermanas, ustedes han dado mucho fruto porque han perdido la vida en el servicio. Ustedes son líderes en el servicio que se han desprendido de muchas cosas para dar servicio y se han sacrificado con gozo. Hoy celebramos una cosecha increíble, canastas llenas de fruta, ustedes tocaron vidas, actuaron como defensoras, cuidaron de la creación. Ustedes han sido las manos de Jesús y han respondido con un constante "aquí estoy" al llamado que nuestras primeras Hermanas recibieron del Obispo Caudio María Dubuis en la década de 1860:

"Nuestro Señor Jesucristo, sufriendo en una multitud de enfermos y desvalidos de todas clases, espera el alivio de vuestras manos".

Sus manos han prestado servicio, su respuesta nosha hecho llegar aquí con gratitud. Hoy, "las honramos a ustedes en Dios".

Ese día salí de la capilla con la certeza de que hay manos que están dispuestas a seguir dando servicio a una misión que no solo les habla a las Hermanas, sino a las personas que se han encontrado con ellas. La respuesta de las Jubilarias a la misión enfrentó los cambios dinámicos del siglo XX. Sor Rose Ann McDonald me dijo en una ocasión:

El corazón del Manantial Azul es profundo. Tenemos la misión en lo profundo de nosotras mismas. Al tener menos vocaciones, estamos llamadas a compartir la misión con los laicos. Ellos darán continuidad a la misión y responderán a nuestra voz profética. Nosotras somos los profetas, y eso puede ser doloroso para nosotras, pero la misión continuará en formas nuevas.

La misión sigue siendo un llamado. La misión motiva la respuesta: "Aquí estoy, Señor".

250 cuencos para abrazar el Espíritu

Estaba yo deambulando por la zona de la Casa Madre rumbo al nuevo Heritage Center (Centro de Herencia). Las hermanas habían terminado de recoger las últimas nueces de los jardines y solo quedaban algunas cáscaras de nuez rotas en el estacionamiento. Al regresar a la acera junto a la sombra de la capilla, me topé con Sor Mary Cecilia Henry. Es una de las hermanas nuevas en la Congregación y es más o menos de mi edad. Sor Mary es música y lleva los nombres de sus dos abuelas. Nació en San Antonio y tiene una actitud franca y sensible. Sus ojos color café tienen una mirada vivaz. El Centro de Herencia es su nuevo ministerio. Lo está desarrollando para convertirlo en un recurso que no solo se concentrará en el pasado de las hermanas sino que sea catalizador para inspirar a los líderes laicos de los ministerios del presente y del futuro.

Es un proyecto prioritario. Las obras para la renovación del Centro de Herencia han sido una tarea de gran importancia, pues las hermanas trabajaron con artículos tan delicados como los guantes del Obispo Dubuis y tan grandes como un mosaico del tamaño de una pared que había estado en la capilla de la antigua Casa Provincial de St. Louis, para crear un contexto para el trabajo que se está llevando a cabo en el presente. Pero esa no fue la razón por la cual a Sor Mary le diera gusto verme.

Sor Mary me dijo que había tenido una idea brillante la noche anterior. Era integrante del comité que estaba preparando la Asamblea Congregacional, una reunión que tenían las hermanas entre los Capítulos Generales, que se llevaban a cabo cada cuatro años. Habría dos Asambleas, una en San Antonio y una en la Ciudad de México, y asistirían más de 200 hermanas. La Asamblea se centraría en la espiritualidad y les ofrecería a las hermanas la oportunidad de hablar, como grupo, sobre los problemas que surgían entre las reuniones del Capítulo General.

Mientras ella reflexionaba sobre el tema de la reunión, de pronto pensó en pequeños cuencos de cerámica. De manera específica, pequeños cuencos de cerámica azules con un pez estampado para simbolizar lo que hay oculto en lo profundo de cada hermana. Sor Mary sabía que yo soy ceramista y me preguntó, con sencillez, si conocía a alguien en San Antonio que pudiera hacer esos cuencos.

La respuesta era obvia.

Yo haría los cuencos. Era lo menos que podía hacer por las hermanas que habían caminado conmigo durante más de 20 años. Hice unos cálculos rápidos. Podía fabricar unos 50 cuencos en menos de dos horas. Después venían los adornos, el fuego de cocción, el vidriado y el uso del horno. ¿Qué tan difícil sería? Incluso había tallado la imagen de un pez hacía varios años. Era una señal.

Estuve de acuerdo de inmediato y Sor Mary estaba feliz. Al ver cómo me miraba, sospecho que ella ya teníala esperanza de que yo le dijera que quería hacerlo. Su emoción fue contagiosa y estuve de acuerdo en hacer unas muestras y le dije que se las traería en un par de semanas.

Cuando regresé a mi estudio, busqué en los anaqueles y encontré varios cuencos azules. El glaseado color cobalto me parecía demasiado uniforme y era muy oscuro. El glaseado color ópalo me pareció atractivo por sus variaciones en el mismo cuenco, un brillante color azul de flor de aciano oscuro cuando la capa era más gruesa, que se transformaban en tonos verdes iridiscentes cuando era menos gruesa o se adelgazaba en el borde. Sentí que ese color sería perfecto. Añadí varias muestras más. Cuencos de borde grueso, cuencos de lados rectos, cuencos con algunas curvas, cuencos con una base firme, cuencos de base redondeada. Los empaqué y los llevé a San Antonio.

Aceptar una comisión siempre es un juego de azar. El cliente tiene una visión y tú, como artista, tienes una visión. A menudo, esas visiones no coinciden y es entonces cuando comienzan las negociaciones. En este caso, sin embargo, Sor Mary estaba encantada. El color y el diseño del pez eran exactamente lo que ella tenía en mente. Eso fue excelente pues el glaseado de color azul ópalo era fácil y permanecía constante al exponerse al fuego una y otra vez.

Eligió un cuenco de té sin base, con el fondo redondeado; una forma que sería sencillo que yo trabajara y adornara. Sor Mary también encontró usos para la mayoría de las muestras de cuencos y platos que yo había traído. Serían vasos muy hermosos para el ofertorio. Las pocas muestras que quedaron se las di a Sor Mary Margaret Bright para su nueva habitación, pues se había jubilado recientemente y ahora estaba en San Antonio. Ella tiene una colección bastante amplia de mis obras de cerámica.

Mi estudio, que lleva el nombre de *Carondelet Pottery*, se encuentra en un vecindario de obreros con casas modestas de ladrillo en la sección más antigua de St. Louis. Compré el edificio a través de una ejecución hipotecaria y cuando conecté el agua, los tubos de PVC se reventaron. Por lo visto, nunca los habían unido, solo estaban colocados en su lugar sin ser funcionales. El agua salía de una rajadura circular que había en el cemento de la planta baja... mi propio manantial azul en miniatura. El yeso de las paredes estaba en mal estado y las juntas de mortero dejaban mucho que desear. Mi esposo y yo trabajamos juntos para rehabilitar esta joya de tres habitaciones que data del siglo XIX, aunque creo que él diría que la palabra "joya" es una exageración. Ahora es un estudio funcional; el sol entra por la habitación del frente donde está mi torno para alfarería, el instrumento que uso para hacer bloques, y 450 kilos de porcelana.

Abrí una caja de arcilla blanca y llevé un trozo de 11 kilos a la mesa de amasar, tomé un cable y rebané la porcelana haciendo trozos de medio kilo y los pesé en la vieja báscula amarilla de la cocina. Los trabajé rítmicamente varias veces para suavizar los bordes y luego pasé al torno.

La porcelana chocaba con el torno y empecé a dar forma a los cuencos con una serie de acciones: centrar, abrir y jalar. La arcilla blanca era suave y resbaladiza y mis dedos dejaban anillos en la pared exterior de los cuencos mientras yo les daba forma concentrándome en su altura, profundidad y anchura. Mientras el torno vibraba y producía cuencos, pensaba en todas las hermanas que sostendrían estos cuencos en sus manos, ofreciendo oraciones, mirando hacia lo profundo y buscando peces, moviendo estos cuencos de oración con sus manos. Pensé en estas mujeres que había conocido, en las pequeñas acciones de bondad, de ánimo y de sabiduría que me habían regalado libremente. Los cuencos eran un regalo pequeño comparado con dos décadas de relaciones. Puse a secar los cuencos. Llenaron los estantes, cubrieron las mesas de trabajo e invadieron el espacio de la galería, cada unocon la imagen de un pequeño pez que saltaba.

Pasé la siguiente tarde adornando los cuencos, uno por uno, los puse bocabajo y los centré en el torno. Los instrumentos afilados que se usan para emparejar la cerámica me recordaban mi trabajo en la cocina con el pelador de papas, cuando hacía ricitos de zanahoria, mientras espirales largas de arcilla se separaban poco a poco de los cuencos. Los cuencos surgían a medida que yo los pulía. Algunos eran perfectamente redondos con un círculo fuerte en la base. Otros estaban ligeramente torcidos. Algunos todavía no estaban completamente secos, pero de todos modos los pulí, y el instrumento con el que los pulía, sacaba anillos ondulantes en lugar de las espirales perfectas que habría sacado si me hubiera esperado al día siguiente. Había cuencos para manos delicadas y cuencos que manos más grandes podían sostener cómodamente. Los cuencos eran tan individuales como lo eran las hermanas.

Después de dos días en el horno seguidos de una cocción más rápida, los cuencos estaban listos para el glaseado. Los sumergí en un cubo lleno de crema lavanda que les daría un color azul brillante cuando horneara los cuencos en medida mediana, nivel 6.

Al aplicar el glaseado, las variaciones en los azules aparecieron contra la base color marfil. Los cuencos eran perfectos. Cuando los coloqué sobre la mesa a primera vista, era una congregación de cuencos uniformes. Al escudriñarlos con mayor cuidado, su individualidad era evidente.

Uno era un poco más redondo, otro era un poco más alto. Había cuencos más pequeños, más pesados. La espiral que aparecía en el fondo de otro era casi invisible, pero los bordes se elevaban en el costado hacia la derecha. En algunos, el pez se veía con toda claridad, pero en otros el glaseado casi ocultaba al pez. En uno o dos de los cuencos no se veía el pez. Tenía yo la esperanza de que los cuencos en los que no apareciera el pez no terminaran en las manos de hermanas que pensaban que el pez estaba oculto en las profundidades e interpretaran esto de manera muy literal o que le dedicaran mucho tiempo buscando algo que no estaba ahí.

Empaqué los cuencos en plástico de burbujas. Serían enviados a San Antonio y a México a través de lo que se conoce como *"Sister Mail"* [Correo de Hermanas], una de las idiosincrasias de la congregación que es de mis favoritas. Las hermanas transportan cartas, libros y otros objetos como parte de su itinerario de viaje, un procedimiento similar a la forma en que las lechuzas llevan cartas a Hogwarts en la historia de Harry Potter. El mensaje decía "por la bondad de..." y el nombre de la hermana que entregaría la carta o los objetos... no se necesitaban timbres de correo. Sor Mary Cecilia ya estaba buscando hermanas que estuvieran dispuestas a transportar los cuencos mientras yo los empacaba.

Finalmente, coloqué el último cuenco azul en la última caja color café. En unas semanas, las hermanas seleccionarían cuencos que eran más azules que las brillantes aguas del Manantial Azul, al iniciar su ritual de oración. Cada una de ellas tendría un cuenco en sus manos y tal vez percibiría el eco de mis oraciones al darle forma a cada cuenco en el torno. Doscientos cincuenta cuencos de la sabiduría del Manantial Azul que abrazan mi espíritu y el espíritu de cada hermana.

Headwaters at *Incarnate Word*: Un Lugar, Una Misión, Un Estado de Ánimo

El lugar

Headwaters at *Incarnate Word* administra un bosque ripario urbano de 53 acres conocido como el *Santuario Headwaters*. Ubicado en el centro a lo largo de corredores migratorios, este hábitat forestal alberga una población de vida silvestre diversa. El Santuario protege el Manantial Azul o *Yanaguana*, "aguas elevadas del espíritu", la fuente del río San Antonio y una fuente sagrada que una vez se elevó hasta seis metros en el aire continuamente. Se cree que los cuatro manantiales a lo largo de la Escarpa de Balcones están representados en el arte rupestre de Bajo Pecos, el panel del Chamán Blanco, que data de hace 4,000 años. Los hallazgos arqueológicos en el Santuario Headwaters han proporcionado evidencia de la presencia humana durante aproximadamente 12,000 años. Hoy, el Santuario es la única parcela que queda sin desarrollar de una compra de los 283 acres hecha por las Hermanas de la Caridad del Verbo Encarnado al Coronel George Brackenridge en 1897. *Headwaters at Incarnate Word Inc.* y Las Hermanas de la Caridad del Verbo Encarnado firmaron un acuerdo de servidumbre ecológica con la Alianza de Espacios Verdes en el Sur de Texas (*Green Spaces Alliance of South Texas*) el 22 de julio de 2020, el cual protege el Santuario a perpetuidad. El Santuario Headwaters y su Manantial Azul continúan siendo un destino para los pueblos indígenas, así como para los turistas y los habitantes de San Antonio por su valor cultural, histórico, geológico, ecológico y espiritual. *Headwaters at Incarnate Word* es el único santuario de la naturaleza en el corazón de San Antonio.

La misión

Nuestra misión es preservar, restaurar y celebrar los ricos valores naturales, culturales, históricos, espirituales y educativos de las cabeceras del río San Antonio, especialmente dentro de los 53 acres del Santuario Headwaters. Respondemos al llamado de una relación sostenible con la creación de Dios, ofreciendo educación ambiental, experiencias de reflexión sobre el cuidado de la creación y oportunidades prácticas de voluntariado para restaurar y proteger la tierra. Headwaters at Incarnate Word es un ministerio de cuidado de la Tierra patrocinado sin fines de lucro por las Hermanas de la Caridad del Verbo Encarnado.

UN ESTADO DE ÁNIMO

El manantial de San Antonio, también llamado Manantial Azul, es un famoso manantial artesiano en la tierra que es herencia de la Congregación de las Hermanas de la Caridad del Verbo Encarnado. Los pueblos indígenas aquí en la época de la *colonización le llamaban* a los manantiales *Yanaguana*, o aguas del espíritu que fluyen hacia arriba. Las historias de la creación de los pueblos originarios coahuiltecas describen cómo las aguas espirituales se levantaron, dando a luz a toda la creación. "Todo el río brota en un estallido centelleante de la tierra... El efecto es abrumador. Está más allá de sus posibles concepciones de un manantial". - Frederick Law Olmstead, arquitecto paisajista y diseñador de Central Park en Nueva York, 1857.

Este gran manantial fue una vez una fuente que se elevaba hasta seis metros en el aire. Se une a los manantiales Comal Springs, San Marcos Springs y Barton Springs como uno de los cuatro manantiales de Texas. De hecho, hay evidencia que sugiere que estos mismos cuatro manantiales pueden estar representados en una pintura mural rupestre, conocida como el Panel del Chamán Blanco en Bajo Pecos, que data de hace unos 4,000 años.

Estos cuatro grandes manantiales surgen de una fuente de agua en común, el vasto Acuífero Edwards que fluye bajo tierra a lo largo de la Escarpa de Balcones desde el oeste de Del Río hasta el norte de Austin. Los manantiales dan lugar a ríos que dan vida y que han sostenido comunidades humanas durante miles de años. La evidencia de la presencia humana en las cabeceras de estos ríos se remonta a hace casi 12,000 años, lo que significa la importancia de estos grandes manantiales para la civilización humana primitiva.

Los manantiales de San Antonio se consideraban fuente del Río San Antonio: "La clave de la situación, el Ojo de Agua, la primogenitura de la ciudad "(William Corner, 1890).

Ahora la población de San Antonio supera el millón de habitantes y todos dependen del agua del acuífero Edwards, que está plagado de muchos pozos artesianos. Los primeros pozos de artesianos perforados en el acuífero Edwards en la década de 1890 tuvieron el efecto inmediato de reducir el flujo de los manantiales. El aumento del bombeo para suministrar agua a una población en expansión ha provocado una mayor reducción del acuífero, dejando los manantiales locales secos la mayor parte del tiempo.

Las cabeceras *Headwaters* siguen siendo un símbolo poderoso de la esencia literal y espiritual de vida del agua. Fluyendo o no, siguen siendo para muchos los manantiales sagrados.

HEADWATERS AT INCARNATE WORD
Headwaters-iw.org

Fotografía por Gregg Eckhardt

Agradecimientos

Cuando me dispuse a escribir un libro hace más de una década, no tenía ni idea de la duración del viaje. Hacer carreras cortas, no maratones, son mucho más mi estilo. Mucha gente me ayudó a llegar a la línea de la meta y luego me ayudó a cruzarla al final del camino.

Gente maravillosa me animó en el camino. Mi esposo Michael encontró formas sutiles y no tan sutiles de animarme a escribir y en ocasiones, sin quejas, me dejaba ocupar por completo la mesa del comedor, la mesa de la biblioteca e incluso los alféizares de las ventanas con todos mis materiales y mis archivos. También estaba de guardia para encontrar mis cables cargadores perdidos y mi teléfono celular perdido. Mi hija Amelia fue una editora fantástica y paciente, y mi hija Carolyn creó una pintura increíble para la portada y logró tomarme una foto que me hace parecer mucho más inteligente de lo que realmente soy.

Agradezco a mi personal en la Fundación, en particular a Mary Glosemeyer y Lisa Durham, por su ayuda con todos los detalles de la organización de un libro, a Maria Rodgers O'Rourke por su consejo editorial, a Mike Fitzgerald por su aliento y a Sor Helena Monahan, CCVI por su sabiduría. Mis amigas también jugaron un papel clave. No me puedo imaginar tener que transcribir horas de entrevistas, pero mis amigas Pat Thibodeau y Laura

La Sabiduría del Manantial Azul

Hawes dieron un paso al frente. Sin ellas, el libro habría tardado otra década. Agradezco a mis compañeras de viaje, Lisa Uribe, Ana De-Hoyos O'Connor y Cynthia Aguirre. Y estoy agradecida por todos los amigos que dejaron una palabra de aliento en el camino. Cada vez que pasaba, lo tomaba como una señal para continuar.

Estoy agradecida por mi círculo de entrenadoras de escritura y amigas, Christina Baldwin de *PeerSpirit* y Lynn Fena, Janis Hall, Sara Harris, Taline Manassian, Pamela Sampel y Gretchen Staebler, entre otras, por el tiempo que pasaron juntas escribiendo en Whidbey Island. y en Winona, Wheatland y Dripping Springs. También estoy agradecida con la fallecida Hermana Mary Ann Eckhoff, SSND, quien fue la mejor mentora que alguien podría haber tenido.

Quiero agradecer a Cathy Davis y su personal en *Davis Creative* por la gestión del proyecto y el diseño del libro; Wendy Barnes por un hermoso diseño de portada de libro, así como por ideas sobre marketing y promoción; Suann Fields por su asesoramiento técnico; y *Marstin Digital Services Ltd.* por el diseño del sitio web de *Incarnate Word Foundation Press*.

Agradezco a Martha Quiroga por facilitar la traducción al español del manuscrito, a Catalina Johnson por editar la traducción al español y a Sor María Luisa Vélez García, CCVI por su edición y revisión de la traducción.

Agradecimientos

Sería muy descuidada si no reconociera el valor de *Promises to Keep: A History of the Sisters of Charity of the Incarnate Word, San Antonio, Texas* (Promesas por Cumplir: Una historia de las Hermanas de la Caridad del Verbo Encarnado) por Sor Margaret Patrice Slattery, CCVI, así como la asistencia de Donna Morales Guerra, Directora de Archivos y Gestión de Registros de la Congregación.

Finalmente, tengo una profunda gratitud hacia las Hermanas del Verbo Encarnado por toda la sabiduría que han compartido conmigo a lo largo de los años. Estar con ellas ha cambiado mi vida de muchas maneras. Compartieron un sinfín de historias, solo una fracción de las cuales pude incluir en este libro; guardo todas esas historias en mi corazón.

Acerca de la Autora

Bridget McDermott Flood es la directora ejecutiva de la Fundación del Verbo Encarnado, un ministerio de las Hermanas de la Caridad del Verbo Encarnado de San Antonio, donde administra la concesión de subvenciones y las iniciativas comunitarias de la Fundación. A nivel nacional, Bridget sirvió en el Grupo de Trabajo de la Casa Blanca para la reforma de la oficina basada en la fe y el vecindario bajo la administración del Presidente Obama. Ella sirve en el Consejo de *NETWORK Lobby for Social Justice* (RED de Fomento para la Justicia Social), *Headwaters at Incarnate Word*, FADICA y la Iniciativa de Vivienda de San José. Bridget se graduó de Saint Louis University con licenciatura en inglés y ciencias políticas y maestría en asuntos urbanos.

También es artista en su estudio, *Carondelet Pottery*, y es apicultora. Bridget vive con su esposo Michael en St. La Sabiduría del Manantial Azul

Bridget es la autora de un blog de espiritualidad, www.blueholewisdom.com. Para contactar a Bridget, envíe un correo electrónico a bridget.flood@iwfdn.org a blueholewisdom@gmail.com

www.ingramcontent.com/pod-product-compliance
Lightning Source LLC
Chambersburg PA
CBHW071233070526
44583CB00017B/2156